풀의 향기

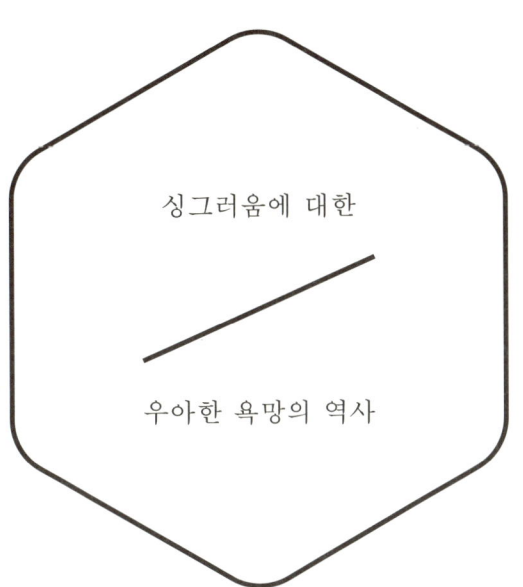

싱그러움에 대한

우아한 욕망의 역사

풀의 향기

알랭 코르뱅 지음 + 이선민 옮김

LA FRAICHEUR DE L'HERBE by Alain CORBIN
© Librairie Arthème Fayard, 2018.
Korean translation Copyright © 2020 Book's Hill
Arranged through Icarias Agency, Seoul

이 책의 한국어판 저작권은 Icarias Agency를 통해
Librairie Arthème Fayard와 독점 계약한 도서출판 북스힐에 있습니다.
저작권법에 의하여 한국 내에서 보호를 받는 저작물이므로
무단전재와 복제를 금합니다.

"풀은 우리의 모습과 닮았다. 풀은 어디에서나 자란다. 변화한 도시의 포장된 도로 틈 사이에서도, 산비탈을 따라서도 자란다. 그리고 우리의 기억 또한 광활한 초원과 같다. 그곳에서는 풀이 우리가 지나는 오솔길 위로 슬며시 몸을 일으킨다. 이처럼 항상 그 자리에 머무르면서도 끊임없이 소생하는 풀은 우리의 모습과 닮았다. 풀은 끈질기게 희망을 품고 깊이 망각하는 존재이다. 바람은 풀을 쫓아다니며 풀이 달리도록 한다. 마치 우리가 날마다 서로 다른 숨결에 우리의 몸을 실어 머릿속에 있던 말들이 종이 위를 달리도록 하듯 말이다."

1984년, 자크 레다의 《산비탈에 난 풀》 중에서

"한 장의 풀잎에 대한 이야기에 무한한 사랑을 담아낼 수 있겠지요."

1854년 4월 22일,
귀스타브 플로베르가 루이즈 콜레에게 보낸 편지 중에서

추천사

알랭 코르뱅의 《풀의 향기》는 쉽게 후루룩 읽어 내릴 수 있는 글들은 아니다. 어떤 부분은 거슬러 올라가 다시 한 번 읽어 내린 부분도 많다. 글이 어려워서라기보다는 밥의 뜸을 들이는 듯한 글 읽기가 필요해서다.

실은 최근 몇 년 나는 정원 공부가 깊어지면서 '정원을 얼마나 예쁘게 꾸밀 수 있을까'라는 디자인 본연의 탐구가 아닌, '왜 우리는 식물에 끌리고 있을까', '정원의 무엇이 우리를 평온으로 이끌고 있나', 그 근본을 자꾸 궁금해 하고 있었다. 그래서 읽고 있는 책의 대부분이 식물의 세계를 좀 더 과학적으로 파고드는 것들이었다. 《풀의 향기》는 이 궁금점을 과학이 아니라 문학가의 시선을 통해 좀 더 인류학적으로 바라본다는 게 신선했다. 그리고 이 책을 읽기 전까지는 몰랐던 저자 알랭 코르뱅이 역사학자라는 점과 인간의 감각 중 소리와 향기에 대한 연구에 조예가 깊다는 사실로 이 책의 배경이 좀 더 쉽게 이해가 됐다.

이 책의 매력은 그간 우리가 읽었거나 혹은 제목 정도만 익히 알고 있는 프랑스·독일·영미문학의 주옥같은 인용문이 책 읽는 재미를 쏠쏠하게 한다는 점이다. 더불어 더 큰 매력은 '풀이라는 지구의 최강 생명체와 인류가 어떻게 인연을 쌓아왔는지', '왜 우리는 풀 속에서 태초의 향기, 휴식과 생명력을 느끼는지'를 수많은 대문호들의 입을 통해 말해준다. 어떤 면에서는 과학의 맹신이 위험해지는 요즘, 과학이 아니라 우리의 직관이, 우리의 축적된 역사의 경험이 지금의 우리 삶에 얼마나 깊숙이 관여하고 있는지를 알게 한다.

알랭 코르뱅의 《풀의 향기》는 적어도 풀들이 바람이 넘실거리는 초원 위에 눕고 싶고, 앉고 싶고, 그곳에서 서서 잠시 바람의 소리를 듣고 싶은 우리의 원초적 본능이 아직 남아 있는 분들이라면, 그리고 왜 그러한지 궁금한 분들이라면, 충분히 여러 번에 걸쳐 읽어볼 가치가 있는 책이다.

가든 디자이너 오경아

그림 1 ⓒ RMN-Grand Palais (musée d'Orsay) / F. Frenkiel.

〈**이니 목장의 다리, 아침 풍경**〉, 앙투안 셍트뢰유(Antoine Chintreuil, 1814~1873). 이 작품 속 모든 요소들은 한 세기 뒤 프랑시스 퐁주가 분석한 것과 같은 목장의 건축물의 모습을 담고 있다.

그림 2 ⓒ BPK, Berlin, Dist. RMN-Grand Palais / Elke Walford.

〈그라이프스발트 부근의 초원〉, 카스파르 다비드 프리드리히(Caspar David Friedrich, 1774~1840), 1820~1822년. 이 작품에서는 초원의 광활함이 한눈에 들어온다. 이러한 풍경은 면적이 좁은 목장과 확실한 대비를 느끼게 해준다.

그림3 ⓒ RMN-Grand Palais (musée du Louvre) / Michel Urtado.

〈전원의 합주〉, 조르조네(Giorgione, 1477?~1511), 1510~1511년경. 조르조네의 대표작인 이 작품은 특히 르네상스 시대에 전원화가 부활했음을 보여준다. 이번에도 풀의 존재가 나체의 여성과 어우러진다.

그림 4 ⓒ Petit Palais, Musée des Beaux-Arts de la Ville de Paris : Photo : 25759-5 ⓒ Petit Palais / Roger-Viollet.

〈가축과 건초 수레가 있는 풀밭에서의 낮잠〉, 귀스타브 쿠르베(Gustave Courbet, 1819~1877), 1867~1869년. 이곳에서 풀밭은 커다란 카펫과 같다. 풀을 뜯는 가축들은 육중한 모습으로 존재감을 강렬하게 드러내고 목동들은 아주 깊은 잠에 빠져 있어 그림 같은 정경과는 거리가 먼 모습이다.

그림 5 ⓒ RMN-Grand Palais (musée d'Orsay) / Hervé Lewandowski.

〈건초 더미〉, 쥘 바스티앙 르파주(Jules Bastien Lepage, 1848~1884), 1877년. 작품 속에서 풀의 존재감이 강렬히 드러난다. 풀은 잠든 일꾼의 잠자리이자 지친 모습으로 넋 놓고 앉은 아내의 안식처이다. 농업 사회가 절정기에 달한 19세기 말에 이러한 모습들을 자주 볼 수 있었다.

그림 6 ⓒ The National Gallery, Londres, Dist. RMN-Grand Palais / National Gallery Photographic.

〈그랑자트 섬의 일요일 오후〉의 습작, 조르주 쇠라(Georges Seurat, 1859~1891). 이 습작은 1884년 풀이 무성하게 자란 풀밭에서의 산책을 보여준다. 최종 완성한 작품에 나타난 풀의 말쑥한 모습과는 사뭇 다른 느낌이다.

그림 7 ⓒ RMN-Grand Palais (musée du Louvre) / Stéphane Maréchalle.

〈마르스와 파르나스라고 불린 비너스〉, 안드레아 만테냐(Andrea Mantegna, 1431?~1506), 1497년. 파르나스 산에서 춤을 추는 뮤즈들의 모습에서 맨발을 한 여성들의 모습이 시선을 끈다. 이것은 만테냐가 페트라르카와 거의 동시대 인물임을 상기시킨다.

그림 8 ⓒ Pierre Outin, Piété Filiale, collection Les Pêcheries, Musée de Fécamp.

〈효심〉, 피에르 우탱(Pierre Outin, 1840~1899), 1888 또는 1894년. 이 묘지를 이루는 풀밭은 비극적이지 않다. 곳곳에 꽃이 피어 있는 풀밭이 무덤을 가만히 뒤덮고 있다. 경건한 분위기를 자아내는 이 그림에서는 세대 간의 유대감이 잘 드러난다.

차례

002 프롤로그

007 풀, 태초의 무대
037 풀, 유년의 추억
053 목장에서의 경험
069 초원, 그 무성한 풀의 풍요로움
091 풀, 잠깐의 은신처
117 수풀, 그 미시의 세계
133 꿈결보다 감미로운 풀(르콩트 드 릴)
153 풀 내음 가득한 삶의 터전
165 우아하고 고상한 풀
187 흰 대리석 같은 두 발이 푸른 풀밭에서 빛나네(라마르틴)
207 풀은 강렬한 교미의 장소(에밀 졸라)
225 죽은 자들의 풀(라마르틴)

244 에필로그

ⓒ Gilbert Bazard – Éditions Cahiers du Temps.

〈미나리과 식물〉, 질베르 바자르(Gilbert Bazard), 그라비어, 2002년. 그는 매년 콩탕탱 반도에 자라는 식물, 그중에서도 특히 갖가지 형태의 풀들의 모습을 섬세하게 묘사하였다. 이 '미나리과 식물'에서는 무성하게 자란 키 큰 풀의 매력이 완벽히 드러난다.

프롤로그

이것은 정말로 풀에 관한 이야기이다. 랭보가 "초원의 클라브생*"이라고 표현한, "구름의 푸른 자매"인 풀 말이다. 서양에서는 고대부터 농사일에 관한 작품에서 풀을 자세히 들여다보았고, 그러다가 마침내 목가나 전원시와 같은 작품을 통해 풀을 찬양하기에 이르렀다. 그 뒤로도 풀이 일으키는 여러 감정들에 대한 이야기는 끊임없이 묘사되어 왔다. 풀을 향한 욕망과 초원을 가로지르며 무성하게 높이 자란 풀숲에 몸을 숨기고 목장에 앉아 쉬며 공상을 즐기는 기쁨이 여러 작품 속에서 다양한 형태로 표현되었다. 플리니우스, 플루타르코스, 롱사르, 낭만주의 작가들을 비롯해 당대 최고의 시인들까지도 "풀의 장소"에 애착을 갖고, 초원과 동화되어 어떤 풀이든지 간에 그것을 그저 보기만

---

* 겉모습이 그랜드 피아노를 작게 만든 것처럼 생긴 대형 쳄발로이다.

프롤로그

해도 떠오르는 강렬한 기억에 대해 이야기했다. 심지어 어떤 격정에 이끌려 직접 풀을 뜯어먹어 본 사람도 있을 정도이다.

 사실 풀이 특별히 잘 자라는 땅들이 있다. 내가 유년 시절을 지냈던 콩탕탱Contentin의 보카주bocage*도 그중 하나였다. 내가 집 밖을 나서는 순간 그곳에 자란 풀이 나의 가장 친한 친구가 됐다. 샤를 도를레앙Charles d'Orléans이 지낸 시절처럼 꽃이 수놓아진 목초지에 자란 풀이 그러했다. 데이지와 히아신스, 앵초 꽃이 만발해 있었다. 말이 수레를 끄는 풍경은 생기로 가득했고 소를 키우는 노르망디Normandie 사람들은 누구나 풀에 정성을 쏟았다. 유년기가 지나 풀밭에서 뒹굴거나 맨발로 돌아다니는 일에 점차 흥미가 떨어지고 나자, 풀은 우정과 육체적 사랑을 알려주었

---

* 노르망디 지방 특유의 삼림지대와 초지가 혼재하는 전원 풍경이다.

다. 풀밭은 네잎클로버를 찾으러 다니고, 감미로운 풋사랑에 빠지고, 격정적인 애무를 즐기는 곳이었다. 그 시절 풀은 건초와 그것이 풍기는 향기, 그리고 그것이 바스락거리는 소리와 떼어 놓을 수 없었다.

  풀이 우리의 문화와 함께 변모하면서 오늘날 그저 아무도 돌보지 않는 푸르른 정경에 머물러 있는 만큼, 이러한 풀의 역사를 되짚어보는 것은 매우 의미 있는 일이다. 풀 베는 사람의 몸짓, 이제는 더 이상 사용하지 않는 맷돌을 만들고 오래된 농기계들을 조작하는 기술, 들판에 지천으로 만발한 꽃, 풀을 베고 말리는 시기가 되면 서로 도우며 일하고 축제를 벌이는 일, 이 모든 것들이 이제는 사라지고 없는 모습들이다. 건초를 옮기는 전통적인 방식도 이제는 찾아볼 수 없다. 그리하여 초원을 향한 애정에서 비롯된, 대체로 강렬한 감정들이 희미해지고 말았다.

해가 갈수록 풀과 가깝게 어울리고, 그 기쁨을 아는 아이를 만나기 어려워진다.

  풀의 역사의 한 페이지가 넘어갔지만, 그렇다고 해서 사람들의 풀을 향한 욕망까지 사라진 것은 아니다. 오늘날에도 도시에 사는 수많은 사람들이 이러한 욕망에 사로잡히고 수많은 전문가들이 사람들의 욕망을 채워주기 위해 애쓰고 있다. 그들은 풀을 새로운 형태로 찬미한다. 이제부터 지난 수 세기에 걸쳐 풀이 일으킨 여러 감정들에 대한 이야기를 엮어 풀의 역사에 한 챕터를 더하고자 한다.

제 1 장

풀,
태초의 무대

풀, 태초의 무대

풀은 본질적으로 태초의 정취를 간직한 듯하다. 유년 시절 어떤 방식으로든 풀과 마주해 본 이들은 그 풀이 우리 기억 속 유년기의 원형적 장면을 이룬다는 것을 알 것이다. 이브 본느프와Yves Bonnefoy는 풀을 다시 만난 순간 이러한 특별한 느낌과 마주하며 소리쳤다. "여기가 바로 내가 있을 자리이니. 결코 이론理論의 여지조차 없는 이곳.[1]" 인간은 풀을 탐하고 자신의 기억 속에 새긴다.

인간에게 풀은 자연 속에서 가장 조숙하고 변함없는 동지로서의 모습을 구현하고, 인간을 만물의 중심에 내려놓는다. 우리는 예로부터 인간과 풀잎 사이의 유사성을 이야기해 왔다. 그중 하나가 바로 랄프 에머슨Ralph Emerson이 표현한 인간과 풀 사이의 불가사의한 관계이다.² 인간은 풀과 마주하는 순간 자기도 모르게 "여기가 바로 나의 고향이구나³"라고 생각한다. 이것은 이브 본느프와의 언급과도 일맥상통한다.

풀은 인간을 바라본다.⁴ 풀은 인간에게 말을 건다. 풀이 건네는 말이 곧 자연의 말이다.⁵ "불변의 상형문자⁶"를 만들어내듯, 풀을 바라보고 글을 쓰면 풀처럼 담백한 말들을 찾아 쓰게 된다. 풀은 시의 근원이 된다. 뒤에서 다시 살펴보겠지만 풀의 존재는 비관념적 언어와 관련이 있기 때문이다. 무엇보다 풀은 대지의 수많은 비밀을 담고 있으며 땅 그 자체를 담아낸 것이라고도 할 수 있다.⁷ 풀은 안과 밖 사이의 연속성에 관한 환상을 불러일으킨다. 그래서 월트 휘트먼Walt Whitman의 눈에는 풀이 지상 최고의 예술작품처럼 보였다.⁸

미쉘 콜로Michel Collot는 풀을 "감정적 물질"로 정의했으며, 풀에 관해 글을 쓴 수많은 문호들은 그것이 가진 무수한 특징들을 끊임없이 찬양해왔다. 그중에서도 그들이 입을 모아 찬양한 것은 바로 풀의 온화함과 명료함, 깨끗함, 순수함이다.⁹ 빅토르 위고Victor Hugo는 《내면의 목소리》에서 그 누구도 밟지 않은 풀을 상상한다.¹⁰ 횔덜린Hölderlin의 눈에는 풀이 "혼연히 나타난 다른 모든 것들"과 마찬가지로 수수께끼와 같은 존재다.¹¹

사람들은 이 외에도 풀이 지닌 수많은 특징들을 이야기하는데, 그중 하나가 바로 기이한 간결함이다. 풀은 세상과 생각을 단순하게 만든다. 풀은 눈부시고도 "명백한 빛"을 지닌 강한 존재이자, 온화한 토대와 근원을 상징한다. 그런데 이보다 더 놀라운 것은 바로 풀이 지닌 타고난 순수함이다. 인간은 "구름의 푸른 자매"인 풀의 "한없는 품속"으로 저도 모르게 파고들게 된다. 또한 필립 자코테Philippe Jaccottet가 말했듯 풀은 "진중하면서도 유쾌하고, 잘 웃으면서도 과묵하며 다정하면서도 억세다.[12]"

작가들은 시대를 불문하고 풀에게 다양한 교훈적 가치를 부여해왔다. 그중에서도 가장 높이 사는 가치가 바로 풀의 끈기, 에너지, 솟아나는 능력이다. 장 피에르 리샤르Jean-Pierre Richard는 풀이 차분한 힘을 지녔다고 말했다.[13] "풀은 포기할 줄 모른다." "풀은 자신의 존재를 붙들고 인내한다.[14]" 그야말로 귀감이 되는 풀의 모습이다. 풀이 지닌 눈부시고도 단순한 힘을 토마 아르디Thomas Hardy는 "저항할 수 없는 미는 힘"으로 설명했는가 하면[15], 폴 가덴Paul Gadenne은 "부지런히 솟아오르는 싹과 수액", "대차게 새로이 뻗어나는 줄기", "놀라운 충동"으로 설명했다.[16] 로베르트 무질Robert Musil의 《특성 없는 남자》의 등장인물인 린드너 교수는 이렇게 말한다.[17] "풀은 누군가가 억지로 뽑아버리지 않는 한 어디에서든 번식하지." 괴테Goethe는 진즉에 식물 속에 "잠들어 있는 힘"을 찬양했다. 그는 풀 안에서 자연 혹은 셸링Schelling

과 헤르더Herder가 상정한 "세계영혼[18]"의 뜻에 따라 밀어내는 작용을 보았다.

장 지오노Jean Giono는 한번 생명을 틔우면 아무리 낫에 베여도 다시금 돋아나는 풀의 성질에 감탄했다. 풀은 끊임없이 소생한다. 따라서 풀은 곧 영원한 젊음이자 무덤 속에서 되살아나는 자이며, 마르지 않는 샘물처럼 살아 있는 존재다. 풀은 생명을 느끼게 한다.[19] 프랑시스 퐁주Francis Ponge는 이렇게 요약했다. "풀은 가장 단순한 형태로 보편적인 소생을 드러낸다.[20]"

풀은 순수함과 고요함, 일렁임을 통해 때로는 우리를 환상으로, 무위의 상태로 혹은 영혼의 평안함으로 이끌기도 한다.[21] 이 내용은 뒤에서 다시 살펴볼 것이다.

풀은 대체로 초록색이다. 초록색은 여러 가지 감정을 이끌어낸다. 때문에 우리는 그 앞에 멈춰 서게 된다. 프랑시스 퐁주[22]와 필립 자코테[23]도 마찬가지였다. 프랑시스 퐁주는 "우리의 자연은 이제 진실이 푸르길 바란다"라고 썼고, 필립 자코테는 "인간은 푸른 진실을 쫓는다"고 단언했다. 한번 들어보자. "모든 색깔들 중에 초록색이 가장 신비로우면서도 가장 마음을 편안하게 하는 색일지도 모른다. 아마도 초록색이 밤낮없이 자신의 가장 깊은 빛깔을 내고 있기 때문은 아닐까? 초록색은 초목이라는 이름으로 식물에 깃들어 있다."

중세 때부터 풀이 무성한 지붕을 보고 초록색 벨벳과 같다고 했다. 초록색의 변주는 무한히 폭넓게 이루어졌다. 키스 토마스Keith Thomas는 감정을 세심하게 분석할 줄 아는 인간은 초록색 풀을 좋아할 수밖에 없다고 주장했다. 짙은 초록색이나 잔디 색깔과 같은 한결같은 초록색, 혹은 에덴동산 같은 초록색 말이다. 하지만 이러한 색깔은 애잔함을 느끼게도 한다. 발에 짓밟힌 풀의 가시 돋은 초록색을 볼 때 그러하다.[24]

롱사르Ronsard[25]는 봄을 "초록의 계절"이라고 말한다. 봄이라는 매력적인 계절은 특히 솟아오르는 풀의 푸르름에서 느껴지는 강렬한 감정들을 이끌어낸다. 베르길리우스의 《게오르기카》에서 이러한 봄에 대한 심상이 잘 드러난다. 봄은 양 떼들을 다시 방목해야 하는 계절이다.

> "지평선 너머 동이 트자마자 밖을 나서네.
> 여전히 연둣빛으로 반짝이는 잔디 위
> 하이얀 서리 살짝 내려앉으면
> 싱그러운 이슬이 양 떼를 이끄네.[26] (…)"

중세 문학에서도 봄을 찬양하는 대목을 찾을 수 있다. 14세기 《장미설화》로 유명한 시인 기욤 드 로리Guillaume de Lorris의 이야기를 들어보자. 그는 봄에 온 세상이 초록 옷으로 갈아입는데, 여기서 비롯된 기쁨을 "다시 초록빛을 띤[27]" 기쁨이라 했다. 1437년

"시칠리아의 전사"라고 불린 장 쿠르투아Jean Courtois는 5월과 6월을 일 년 중 가장 반짝이는 때라고 단언했다. 그는 "이 세상에서 꽃이 흐드러지게 핀 초원의 아름다운 푸르름보다 더 좋은 것은 없다"라고도 했다. 게다가 프랑스 사람이라면 누구나 학창 시절에, 아름답게 수가 놓인 듯한 땅을 상기시키는 샤를 도를레앙 Charles d'Orleans의 시를 배우지 않았던가.

대문호들도 시대를 불문하고 자신의 작품 속에서 봄을 언급했다. 특히 19세기부터 낭만주의적 감수성이 보편화되면서 이러한 작품들이 눈에 많이 띄었다. 괴테는 봄을 이렇게 노래했다.

"왕성하게 싹이 트는

초록빛 덤불 속에

(…)

공기 속에 떠도는

은은한 몸짓,

상쾌한 기운,

황홀한 향기."

또 다른 작품 속에서는 이렇게 표현했다.

"하늘은 고요하고 바람도 잔잔할 제,

어린 풀은 물결 이는 냇가에 자기를 비추네.

봄은 즐거이 일하며 살아가누나.²⁸"

라이너 마리아 릴케Rainer Maria Rilke는 봄을 그저 초원에만 머무르게 하고 싶지 않아 했다. "봄은 어떤 식으로든 사람들의 마음에 강렬한 존재로 남아야만 한다. 그렇게 해야 봄이 시간 속에서 그저 흘러지나가지 않고 영원히 신의 앞에서 머무를 수 있기 때문이다.²⁹"

젊은 말라르메Mallarmé는 봄에 대한 찬양을 장황하게 늘어놓았다. "금빛 후광이 비치는 시인", "내 마음에 날개를 달아준 그대!/ 충만한 사랑으로 날아오르네. (…) 미처 베이지 않은 풀이/ 풀밭에서 반짝이네.³⁰" 또한 콜레트Colette는 이렇게 썼다. "모든 이가 일말의 망설임 없이 믿는다. 하찮아 보이는 식물이 화살을 최대한 높이 쏘아 올리려 애쓴다는 것을.³¹"

그로부터 수십 년 뒤, 장 지오노가 봄이 대지를 뚫고 나오는 순간 일어나는 "대혼란"을 분석하듯 장황하게 늘어놓았다. "새로 생긴 샘들로 가득 찬 목초지들이 속삭이듯 노래를 부르고 있었고", "적막한 대기 속에서 한순간 수액과 나무껍질의 짙은 냄새가 풍겼다.", "철철 흘러내리는 물이 춤을 추며 수풀 속을 파헤치고 있었다.³²"

헤르만 헤세Hermann Hesse는 이렇게 썼다. "(이때) 만물은 잠시 때를 기다리며 준비하고, 꿈을 꾸며 존재하려는 세상 모든 존재의 열의가 차분하면서도 뜨겁게 마음속에 움튼다— 싹은 햇빛을 향해 움트고, 들판에 구름이 내려앉으면 새로 난 풀이 봄바람에 살랑거린다. 나이가 들수록 이맘때마다 나는 가만히 숨어 다시 봄이 찾아오기를 초조하게 기다리게 된다. 마치 어느 순간에 봄이 내게 모습을 드러내기로 한 것처럼, 살면서 한 번은 다시금 힘과 아름다움이 솟아오르고 대지 밖으로 환하게 모습을 드러낸 생명을 온전히 바라보며 경험하기로 약속한 것처럼 말이다. 그 생명이 빛을 향해 새로이 두 눈을 크게 뜨는 순간에." 헤르만 헤세는 해마다 자기 앞에서 기적이 일어나는 것을 느꼈다. 하지만 그토록 바라는 이 기적이 어느 순간 불가사의한 존재가 되고 말았다. 헤르만 헤세는 이렇게 썼다. "나는 기적이 오는 것을 보지도 못했는데, 어느새 내 곁에 머물러 있었다.[33]"

필립 자코테는 봄이 왔음을 알리는 제비꽃을 발견할 때의 행복이 얼마나 큰지를 역설했다. 지금까지 짧게 소개한 일련의 인용들에, 끊임없이 봄의 기쁨에 대해 노래한 시인 필립 자코테의 작품을 하나 더 덧붙이며 마무리 지으려 한다. 그가 5월을 언급한다는 것은 곧 풀의 향연, 초원의 향연과 상통한다. "부산스럽지 않게 계속 변화하는 이 드넓은 초원을 보라. 이름 모를 꽃들이 피어나 초원을 떨리게 하고, 종자를 맺은 곧고 가느다란 줄기들은 간신히 땅에 붙어 있지만 땅속 짙은 어둠과 이어진 채 살랑거린다. 땅은 청명한 하늘을 향해 자라 오르며 부드러워지고, 하늘이 무한한 선물을 건네면 둘은 손을 마주잡고 비를 마중하러 가는 듯하다.³⁴"

지금까지는 형태의 다양성은 무시하고 이야기했다. 이제부터는 그 형태에 대해 살펴보자. 가장 간단한 형태는 바로 풀잎이다. 휘트먼은 풀잎을 "형언할 수 없는 완벽함³⁵"의 기적이라 형용한다. 풀잎은 인간과 마찬가지로 각자의 개성을 지닌다. 괴테의 작품 속에서는 단지 풀잎이 등장하는 것만으로도 어떠한 감정을 불러일으킨다. 괴테는 이런 감정을 베르테르에게도 부여했다. 귀스타브 플로베르Gustave Flaubert는 1854년 4월 22일 루이즈 콜레Louise Colet에게 이렇게 편지 썼다.³⁶ "한 장의 풀잎에 대한 이야기에 무한한 사랑을 담아낼 수 있겠지요." 빅토르 위고는 자신의 작품 속에 홀연히 풀잎을 수차례 데려와서는 그 풀잎이 길가 틈새에서도 바람에 나부끼고 있다고 이야기했다. 프랑시스 퐁주가 바라본 풀잎은 "신이 인간으로 태어난 분수"와 같고, 그 끝에 맺힌 이슬방울은 이처럼 위로 솟구치는 물줄기의 정점 그 자체였다.³⁷ 한 세기 앞서 살다 간 헨리 데이비드 소로Henry David Thoreau에게 풀잎은 희망의 증거였다. 소로는 이렇게 썼다. "마치 녹색의 긴 리본이 땅속에서 흘러나와 여름을 재촉하는 듯하다. (…) 샘이 마르는 6월이면 풀잎이 수로가 되어 (…). 이렇게 인간이 그 생명을 뿌리째 앗아도 풀은 어김없이 푸른 잎사귀를 내민다.³⁸"

보다 단도직입적으로 말한 작가들도 있다. 파울 첼란Paul Celan 은 독자들에게 이렇게 말했다. "각자 자신만의 풀잎이 필요하다.[39]" 장 피에르 리샤르도 그중 한 명이다. "풀잎이 자라는 곳 주변에는 오직 만물의 충만함만이 머문다.[40]"

장 피에르 리샤르가 "개별성들의 다발"이나 "아주 작은 정체성들이 여기저기 흩어져 있는 카펫[41]"과 같다고 묘사한 풀숲은 보통 한데 모여 조화를 이루는데, 가끔씩 잔디밭에 조성되기도 하지만 대체로 오솔길 주변이나 비탈길, 한적한 공터의 가운데에 있을 때가 많다. 따라서 풀숲은 자신만의 정체성을 지닌다고도 할 수 있다. 이 대목에선 누구든 자연스레 알브레히트 뒤러Albrecht Dürer의 1503년 작품 속 작은 수풀을 떠올릴 수 있을 것이다.

드니즈 르 당텍Denise Le Dantec이 이에 대해 멋지게 분석한 것을 음미해보자. 이렇게 서로 뒤엉켜 있는 볏과 식물 다발에서 특정한 종을 만날 수 있다. 물구덩이나 물웅덩이 혹은 개울가에서 자라는 풀들 말이다. 이러한 풀들은 땅이 깊이 파인 부분에 자라나 있다. 그녀는 뒤러가 눈여겨본 이 풀들이 겸허하다고 역설한다. 시야가 땅과 같은 높이에 머물러 있기 때문이다. "질퍽한 진흙 가까이 이 풀들이 당혹스러우리만큼 지천에 무리지어 나 있는 모습을 보면 마치 성모승천을 마주하고 있는 느낌이 든다." 숭고하게 하나하나 그려진 풀에서는 뒤러의 말처럼 풀의 내면이 보이는 듯하다.[42]

존 쿠퍼 포이스John Cowper Powys의 저서와 이름이 같은 등장인물 울프 솔런트는 시골에서 산책을 하다가 외투를 바닥에 깔고 앉는다. "그는 벽돌 틈 사이사이로 솟아나 있는 선명한 초록빛 수풀을 보고 그것을 이루는 생명력 넘치고 반투명한 풀 하나하나에 주의를 기울였다. 풀과 진흙. 그는 속으로 생각했다. '진흙과 풀, 풀과 진흙이 서로 뒤엉켜 있구나!' 그러고는 냉정함과 애정적 흥분이 동시에 찾아올 때 일어날 법한 특별한 전율을 다시 한 번 느꼈다.[43]" 무려 4세기가 지났지만 뒤러가 느낀 감정과 존 쿠퍼 포이스가 자신의 등장인물에게 투영한 심상은 그냥 지나칠 수 없을 만큼 생생하다.

무성하게 난 풀들 사이를 걷고 있자면 특별한 느낌이 든다. 풀의 깊이와 풍요로움 그리고 어둠이 태곳적 감정을 이끌어내는 듯하다. 마치 목신牧神처럼 우리의 마음을 끌어당긴다. 19세기 중엽, 헨리 데이비드 소로는 경작지 변두리의 농부들이 돌보지 않아 메마르고 버려진 토양 위에 무성하게 자라난 풀들을 보고 느낀 연민에 대해 이야기했다. 그 풀들은 1피에* 폭에 2피에 높이로 마치 다발처럼 나 있었다. 농부들은 아마도 그런 풀들까지 베어낼 여유가 없었을 것이다. "하지만 나는 과감히 이러한 수풀들 사이를 걸으며, (…) 소박한 모습을 하고 있는 이 풀들과

---

* 옛날 길이 단위로 약 30cm이다.

동시대에 살고 있음을 기뻐한다." 그에게 이 풀들은 친구와 같았다. "내 눈에 이들을 그저 무성하게 자란 풀과 같았다.[44]"

위베르 부아니에Hubert Voignier는 언제나 푹 빠져들어 정신을 잃게 만드는 "여러 가지 목소리들이 뒤섞여 나는 소리", 항상 물결치는 땅, "울창함을 뽐내는 멋진 마을", "초록빛이 자유롭게 반짝이는 곳", 그곳에서 일어나는 마음의 동요 혹은 "깊이에 도취된" 강렬한 감동에 대해 이야기한 아주 훌륭한 작품을 썼다.[45] 그는 풀이 무성한 초원은 "하나의 복잡한 집단을 이루고 연속적으로 눈에 보이는 것들을 일일이 해독해야 하는 복합적 단위를 이룬다"고 했다. 그는 이 초원 안에 들어서면 "복잡하게 뒤얽힌 깊디깊은 무한함"이 들러붙은 아주 작은 벌레들과 마주한 느낌이 들었다.[46]

필립 들레름Philippe Delerm은 무성하게 자란 풀에서 느껴지는 어떤 특별한 감정을 상세히 이야기했다. 그는 베어진 풀과 무성히 자란 풀이 서로 함께 있는 모습이 좋다고 했다. "여기에 영국식 철학의 모든 것이 담겨 있다. 자유와 절제의 뒤섞임. (…)" 이처럼 "인간과 자연 사이에 정립된 대비는 갈등이 아니라 우호이다.[47]"

잡초는 지금처럼 하찮은 대접을 받기 전까지 꽤 오래도록 사람들의 이목을 끌었다. 연민을 이끌어내는 존재를 넘어 심지어 감탄의 대상이 되기도 했다. 영국에서는 17세기 말부터 약으로서의 가치와는 별개로 잡초 그 자체에 관심을 두기 시작했다.

조지 왕이 통치하는 동안 잡초에 대한 찬가들이 울려 퍼졌다. 이와 같은 새로운 감성에 부응해 잡초를 닮은 풀마저도 칭송받았다. 존 클레어John Clare는 농부들의 사랑을 받지 못한 잡초들에 관한 시를 여러 편 썼다.[48] 알프레드 테니슨Alfred Tennyson은 잡초들을 찬양했다. "나는 차라리 산에 꽃을 피운 소박한 잡초를 더 사랑한다. 자신이 태어난 샘물 근처에 싹을 틔운 한없이 미천한 풀 말이다. (…)" 제라드 맨리 홉킨스Gérard Manley Hopkins는 이렇게 외쳤다. "잡초여, 영원하라!" 이 시인들에겐 푸르른 모든 것들 안에 신이 깃들어 있었다.

마르셀 프루스트Marcel Proust는 훗날 장 상퇴유*에게 잡초를 향한 연민의 감정을 투영했다. "스스로를 아무렇게나 바람에 내맡긴" 담벼락 위에 난 잡초 말이다. 그는 홀로 얌전히 피어 있는 아주 작은 제비꽃을 찬양하다가 이내 이 꽃이 세상 그 누구와도 만나지 못하고 한쪽 구석에 떨어져 살며 아주 가까이에 금어초가 피어 있다는 사실도 모른다는 것을 알아차린다. 장은 이처럼 "철저히 영원토록 고립된" 이 꽃을 훔치고 싶어진다. "자신이 다른 누군가와 별반 다르지 않으면서도 다른 이들과 별개의 존재로서 (…) 자신의 외로움을 나눌 이는 오직 침묵뿐임을[49]" 느끼게 해준 이 꽃을 말이다.

---

* 마르셀 프루스트의 미완의 자전적 소설 《장 상퇴유》에 나오는 인물이다.

요즘은 유명 사진작가들이 이러한 잡초의 매력에 매료되어 장 상퇴유가 느낀 감정들을 공유한다. 마리 조제 필레Marie-José Pillet도 잡초를 만지며 느낄 수 있는 심상들을 좇는다. "풀에 살짝 스치면, 축축해지기도 하고 쓰라리기도 하다.[50]"

의외의 곳에서 잡초를 만나면 특별한 감정들이 생긴다. 앞서 언급한 산비탈이나 도랑, 도로 갓길에 무성하게 난 풀 말고도 철길 사이 공터에 조용히 자라나 있는 풀들을 봐도 그렇다. 물속에서 모습을 드러낸 잡초들도 빼놓을 수 없다. 이러한 장소의 잡초들은 늘 사람들의 이목을 끌었다. 조르주 상드George Sand는 《콩쉬엘로》에서 도랑가를 따라 난 풀을 보고 느낀 놀라움을 표현했다. 마르셀 프루스트는 《장 상퇴유》에서 산비탈에 난 어두운 빛깔의 풀들 사이에 숨은 개양귀비를 보고 든 강렬한 감정을 한 페이지에 걸쳐 길게 묘사했다. 울프 솔런트는 이렇게 나지막이 말했다. "풀들이 빼곡 들어찬 작은 길이 만들어낸 세상을 보라![51]" 시인 귀스타브 루Gustave Roud는 산비탈에 자란 메마른 풀과 꽃에 대한 찬가를 만들었다. "나그네를 가엾이 여기며 차례차례 인사를 한다. 나그네의 그림자와 아무 표정 없는 얼굴에도 한없이 상냥하다. 나그네는 전율하며 그들의 얼굴, 손짓, 수줍은 부름에 기댄다. 입술 없는 목소리의 속삭임 말고는 더 이상 아는 이 하나 없는 나그네를 그들이 어루만진다.[52]"

자크 레다Jacques Réda는 산비탈에 난 풀에 관한 시집을 썼다. 극히 좁은 틈 사이로 자라난 풀들, "도처에서 쉽게 만날 수 있는 이름 모를 동반자"에 대해 말이다. 그는 시골의 어느 여인숙에서 잠이 깼을 때 "산비탈에 난 풀이 이슬을 털어내려 몸을 떠는[53]" 소리를 들었다. 자크 레다는 자신이 풀과 철길의 동행, 그리고 둑길과 플랫폼의 끝자락, 버려진 선로에 난 풀들에 매료된 적이 있다고 했다. 장 피에르 리샤르는 이 시집을 주해하며 철길과 풀잎 간의 동류성에 대해 자문하고, 이 두 가지가 선형성과 완고함, 냉철함, 탁월함을 지니고 있다고 설명했다. 공터에 악착같은 생명력으로 자라난 풀은 산비탈이나 철길에 난 풀처럼 인상적이지만 사람들은 어떻게든 그 풀을 없애려 한다. 이들이 흔히들 말하는 '잡초'에 속하기 때문이다.

엘리제 르클뤼Élisée Reclus는《시냇물의 역사》에서 깊은 수심에서 자라나고 뻗은 풀에 흠뻑 빠진 자신의 모습을 그려냈다. 물속 깊은 곳에서는 빛이 그 형태를 바꾼다. "수초 다발이 가지를 길게 늘어뜨린 채 물의 흐름에 버티며 마치 뱀처럼 구불구불하게 일렁인다. 물결이 세차게 일면 초조해져 안절부절못한다. 수면이 잠잠할 때는 유유히 몸을 늘어뜨린다. 그러다가 물결이 느려지거나 빨라지면 수초 다발은 눈치를 보며 (…) 끊임없이 뿌연 흰색에서 짙은 녹색으로 색을 바꿔가며 달아난다." 르클뤼는 이처럼 끊임없이 변화하는 광경을 보고 일어난 여러 가지 감정들을 자세히 표현했다. 그는 마치 수초를 끌어안은 사람처럼 털어놓았다. "물 위에 떠 있는 수초들과 (…) 살랑거리는 수초의 일렁임과 하나가 된 것 같다.[54]"

오늘날 필립 들레름은 앞선 세대의 작가들이 언급했던 감정들을 되찾아 부활시켰다. 그는 "한복판에 풀이 꽉 들어찬 길"과 "갓길에 나 있는 빛깔이 옅은 풀"을 음미한다. 서로 비좁게 붙어 있는 모습으로 이어지는 이 두 장면은 친밀하게 느껴진다.[55] 정원에 난 푸르고 좁은 길, 풀들이 무성한 오솔길, 풀이 자라 있는 언덕길, 풀이 나 있는 층계를 바라볼 때 느껴지는 특별한 감정들은 무척이나 강렬하다. 빅토르 위고는 여행 중 언덕길이나 오솔길에 자라 난 풀을 볼 때면 특히 감성적인 모습을 드러내곤 했다. 그는 어느 날 저녁, 아헨에서 나와 밤이 깊어질 때까지 "싱그럽고 푸른 가로수길에" 머물렀다. 그 뒤에 "좁고 비탈진 잔디"를 올라 폐허에 다다르고 "풀이 난 층계를 올라 다락방과 같은 곳에 들어섰다." 또 다른 곳에서는 산책을 하다가 개울을 따라 다양한 식물들로 뒤덮인 오솔길이 나 있는 것을 멀리서 발견하기도 했다. 그는 그 순간 마치 시인이 된 것만 같았다. 어떤 목소리가 들리는 듯했다. "풀과 이끼, 물기를 머금은 나뭇잎, 수액이 들어찬 가지 (…), 은은히 퍼지는 향기들을 찾고 있군요. 잘 왔어요! 들어와요. 여기가 바로 당신이 찾는 길이에요.[56]"

물론 모든 사람이 시인의 시선을 지닌 것은 아니다. 지난 수세기 동안 대부분의 사람들 눈에 이런 풀들은 그저 "잡초"에 지나지 않았다. 주술적인 의미가 담긴 풀을 제외하고서 말이다. 뽑기 매우 어려운 개밀과 덩굴손을 뻗으며 다른 식물들이 자라나지 못하게 하는 독보리는 가장 튼튼한 울타리가 된다. 특히 독보리는 복음서에도 등장한다. 뉴턴Newton은 정원에 있는 잡초들을 못마땅하게 여겼다. 키스 토마스에 따르면 18세기 대부분의 영국 정원사들에게 잡초는 성가신 존재였다. 1860년 출간된 프랑스어 사전《베슈렐Bescherelle》에는 "잡초가 유해한 풀"이라고 나와 있다. 또한 잡초는 당시 농민들과 사육자들에게 천대를 받았다. 잡초는 반드시 뽑아버려야 하는 풀에 불과했다. 가능하다면 뿌리까지 뽑아버려야 하는 존재였다. 올리비에 드 세르Olivier de Serres는 1600년에 출간된 저서《농업 경영론》에 "불청객" 잡초, 특히 밀밭에서 자라는 잡초들을 제거하는 방법을 기술해 놓았다. 그는 김매기가 중요하다고 강조했다. "유해한 풀"은 "밀이 제대로 자라지 못하게" 하기 때문이다. 그는 작업 방식을 상세히 설명하고, 적기를 제대로 고르는 것이 중요하다고 했다. 즉, "밀과 잡초가 제대로 구분이 될 때까지 기다려야 한다. 잡초를 너무 일찍 제거하려다 이로운 식물과 완벽하게 구분해내지 못할 수도 있기 때문이다." 그렇다고 해서 잡초가 "완전히 다 자랄 때까지 기다려서도 안 된다. 그러면 밀이 제대로 성장하지 못할 수도 있다." 비가 내려 땅이 젖을 때를 기다렸다가 김매기 작업을 해 주면 좋다고도 했다. "잡초의 질긴 뿌리"를 보다 쉽게 뽑

아낼 수 있기 때문이다. 대체로 김매기 작업은 "서민", 그중에서도 특히 여성들의 몫이었다.[57]

  잡초들 가운데 특히 독보리가 미움을 받은 가장 큰 이유는 바로 독보리의 야만성에 있었다. 윌리엄 셰익스피어 William Shakespeare의 《헨리 5세》(5막 2장)에 나오는 것처럼, 독보리와 같은 잡초들은 아름답지도 쓸모 있지도 않다. 영국에서는 17세기에 이어 18세기까지 잡초의 유해성을 널리 알리는 내용이 농학서의 단골 주제였다. 하지만 앞서 살펴봤듯이 그 당시에도 반대 의견을 펴는 사람이 있었다. 17세기 중엽부터 일부 예술가들과 박물학자들은 사람들에게 무시 받아온 식물들의 아름다움을 알아차리기 시작했다. 비로소 잡초는 무성하게 자란 키 큰 풀과 마찬가지로 새롭게 평가받을 수 있었다. 심지어 1657년 한 약초 상인은 대중이 잡초라는 풀을 좋아하며 일부러 잡초를 찾는 정원사들까지 있을 정도라고 말하기도 했다. 17세기부터 수채화가들은 작품 속에 온갖 종류의 야생초들을 그리기 시작했다. 이후 중산층은 시골에서 식물들을 채취할 때 이러한 야생초들을 더 이상 "잡초"로 보지 않게 되었다.[58] 18세기 낭만주의 작가들도 마찬가지였다.

  미국에서는 헨리 데이비드 소로가 잡초를 세상에서 가장 겸손한 존재라며 신성시했다. 그는 잡초를 인간미 넘치는 존재로 재평가하고 싶어 했다. 잡초가 농부들에게 천대받고 버려진 땅에 나 있는 모습을 볼 때마다 연민을 느꼈다. 소로에게 잡초란 그 어떤 풀보다도 야생 상태로 회귀하고 싶은 자신의 욕망과 잘 들어맞는 존재였다. 소로는 이렇게 썼다. "내 눈에는 캘리포니아의 거대한 야자수보다 콩코드Concord의 야생초들이 더 생기 있어 보인다.[59]" 그는 대부분의 사람들이 무시하는 제비꽃을 동정의 목소리까지 실어 찬양한다. 보랏빛 풀은 "버려진 언덕 아래에서 자란다." 아무도 알아보지 못할 만큼 "가엾고 가냘픈 풀이다.[60]" 소로는 아주 겸허하고 고독한 풀들을 여러 차례 자신과 견주어 이야기했다. 한편, 빅토르 위고는《관조시집》에서 "나는 거미와 쐐기풀을 사랑한다"라고 썼다. "우리가 싫어하는 것들이기 때문에 /(…) 그들은 연약하고 저주받은 것들이기 때문에 /(…) 오 지나가는 이여, 눈에 띄지 않는 그 식물을 가엾게 여겨라.[61]"

장 피에르 리샤르는 사람들이 어째서 잡초를 질시하는지 분석해보려 했다. 그가 보았을 때 이는 잡초가 지니는 유해함과 비생산성 때문이 아니었다. 영국의 여러 농학서에도 이러한 풀들은 **작물**이 아닌 **잡초**로 나와 있었다. 이러한 풀들은 "불성실하고 방랑하며 위험해" 보이기 때문에 나쁘다고 이야기한다. "결국 이러한 풀의 회피, 기습, 굴곡을 감각 혹은 지적, 텍스트적인 방식으로 그려낼 수 있다.[62]"

러스킨은 또 다른 관점에서 잡초가 지닌 아름다운 생명력을 찬양했다. **잊혀진** 식물과 풀에 관해서도 마찬가지였다. 그는 이렇게 썼다. "제 아무리 비천한 삶이라 해도 인생은 그 자체로 고유한 미덕을 지니고 있는 것이 아닐까? 이와 동시에 이 세상에 살아 있는 모든 것들, 자라고 고통스러워하다 끝내 시들어 죽는 것들도 결국 자연과 대결함으로써 우리네 인간의 고통 혹은 성숙, 행복의 상태를 어느 정도 재현하려고 하는 것이 아닐까?" 러스킨은 이러한 아름다운 생명력을 가장 미미한 식물들에서 찾았다. 특히 "거친 바람에 마구 휘청거리면서도" 스스로를 지켜내려 안간힘을 쓰는 가냘프고 작은 꽃들에서 찾았다.[63] 질 들뢰즈Gilles Deleuze와 펠릭스 가타리Félix Guattari는 가장 현명한 생을 살아가는 존재가 어쩌면 잡초일지도 모른다고 생각했다.[64]

풀을 꼭 목적에 따라 약용, 공업용, 주술적 용도 등으로 구분 짓지 않더라도 풀의 형태, 기능, 풀을 보고 느끼는 감정이 매우 다양하고 때로는 모순된다는 사실을 깨닫게 될 것이다.

이번에는 절대적으로 꼭 필요한 존재였던 풀에 대해 한번 살펴보자. 풀과 신을 연결 짓는 일 말이다. 풀은 구약성서에 등장한다. 창세기에는 풀의 탄생이 동물의 탄생보다 앞서고 인간은 맨 마지막 순서에 나온다. 풀은 삼일 째부터 등장한다. 성서에서 풀은 여러 차례 인생을 비유하는 요소로 나온다. 번뇌의 상태, 미래에 닥칠 힘겨운 상황들 말이다. "악을 행하는 자들 때문에 불평하지 말지어다. (…) 그들은 풀과 같이 속히 베임을 당할 것임이로다."(시편 37편) "내 마음이 풀 같이 시들고 말라 버렸사오며 (…) 내 날이 기울어지는 그림자 같고 내가 풀의 시들어짐 같으니이다."(시편 102편) 한편, 시편 103편은 하느님을 향한 찬송가이다.

> "인생은 그 날이 풀과 같으며
> 그 영화가 들의 꽃과 같도다.
> 그것은 바람이 지나가면 없어지나니
> 그 있던 자리도 다시 알지 못하거니와."

하느님은 "산에 풀이 자라게 하시며 짐승에게 먹을 것을 주신다."(시편 147편 및 104편) 하느님이 배를 불리게 하신다. 신약성서(마태복음 13장 및 24장)에서 밀과 독보리의 우화에 나오는 독보리가 곧 해로운 풀이다. 좋은 밀 사이에 묻혀 있는 독보리는 밀을 수확하기 전에 거둬들여 태워버려야 한다. 하지만 독보리의 씨앗을 뿌린 이도 하느님이시다.

루크레티우스Lucretius는 땅 위의 생명의 태동과 "세상의 생기"를 언급하며 이렇게 썼다.

> "첫 번째 선물은 여러 종류의 풀과 그들이 빚어내는 초록빛이리니
> 풀이 자라난 땅이 여기저기 언덕을 에워싸고

사방에 펼쳐진 들판에는 꽃으로 뒤덮인 초원들이 푸르른 빛을 내던지네."

뒤에는 이런 구절도 나온다.

"마찬가지로 새로운 땅은
인간을 창조하기 이전에
먼저 풀과 새싹부터 짊어졌나니. (…)"

들판의 여신이 힘을 곳곳으로 뻗칠 때, 아이들에게 풀은 양털을 충분히 넣어 만든 포근한 매트리스와 다름없다. 아울러 초록빛 풀들은 인간들이 느끼는 여러 기쁨을 표현하는 멋진 도구였다. 그러다가 루크레티우스는 인간들이 상수리나무를 몹시 싫어하고 "풀과 나뭇잎으로 만든 침대"를 버리기 시작한 때를 개탄했다.[65]

훗날 18세기에 이르러 루소Rousseau는 이렇게 썼다. "풀잎은 하느님의 현존에 대한 감각적인 증거와도 같다." 라마르틴Lamartine의 작품에 등장하는 조슬랭은 나이가 들자 식물의 존재를 다음과 같이 깨우쳤다.

"그에게 있어 풀 하나하나는 자명한 이치를 밝히는 빛이었고,

여명이 비치는 곳으로 인도하는 신의 계시와 다름없었다.

(…)

무색무취한 존재들 사이에서 단연 눈에 띠는 영혼의 반짝임으로

풀 하나하나를 비추며,

풀이 느끼고 생각하며 몸짓하고 사랑하는 모습을 보았노라.⁶⁶"

자연의 창조물에 관한 이 같은 신성화는 빅토르 위고에 이르러 절정에 달했다. 그는 풀이 일으키는 다양한 감정 속에서 신의 현존에 대한 영감을 여러 차례 받았다. 그는 지상의 모든 존재들이 서로 이야기를 주고받는다고 여겼는데, 이것이 바로 "어둠의 입*"이 건네는 메시지이다.

"만물이 말을 건넨다. 스치는 바람과 바다 위를 건너는 전설 속의 바닷새,

풀잎, 꽃, 싹, 그리고 온 자연계의 이치들이 묻고 있다.

그대는 이 세상을 감히 다르게 상상해보았는가?"

"목동의 희미한 모닥불이 황금빛 별에

---

* 빅토르 위고의 시 〈어둠의 입이 말하는 것〉의 제목을 인용한 부분이다.

> 풀잎의 살랑거림을 전하네."

뒤쪽에 이런 구절도 나온다. "오직 하느님만이 거룩하도다! 이것이 바로 풀잎의 시편이어라."

빅토르 위고는 미천한 속세와 우주 사이의 관계를 끊임없이 이야기하며 이렇게 썼다.

> "깊이 잠드소서! 풀잎이여, 잠드소서, 무한한 존재여, 잠드소서![67]"

루드밀라 샤를 뷔르츠Ludmila Charles-Wurtz는 위고의 작품 속에서 풀에 관한 주제가 반복적으로 등장한다는 것과 위고는 숭고한 것이 아래에 있다고 여겼다는 점을 강조했다. 그렇기 때문에 빅토르 위고는 길가의 틈새에서 나부끼는 풀잎을 보고 감동을 느꼈던 것이다. 위고는 이렇게 썼다.

> "끝나지 않을 불안에 떨던 풀잎이
> 어느새 나와 길들어 친숙해지네.[68]"

《관조시집》에 정의된 내용대로라면 기도란 풀잎의 동요와 떨림, 무한한 우주를 차례로 바라보는 것이다.

빅토르 위고와 동시대 인물인 휘트먼 또한 풀과 우주 사이의 관계를 언급했다. 휘트먼은 이렇게 썼다. "나는 풀잎 하나가 별들의 여정만큼이나 가치 있다고 믿는다.[69]" 다음 세기에는 필립 자코테가 바통을 이어받아 풀과 신의 관계를 찬양했다. "하느님은 초원의 푸르름 그 자체이시다.[70]" 또한 그는 "풀 속을 헤매는 하느님[71]"이라는 표현도 했다. 제대로 기도하는 법을 알지 못했고 단 한 번도 기도해본 적 없었노라고 단언했던 그에게 "초원은 그저 나지막이 외기만 해도 어느새 마음의 안정을 찾아주는 기도문"이 될 수 있을 것만 같았다.

앞서 나온 내용은 천국의 풀이 끈질긴 생명력으로 존재하는 모습을 미루어볼 수 있게 한다. 이러한 주제는 그리스·로마뿐 아니라 동양에도 동시에 등장한다. 뫼니에 드 쾨를롱 Meusnier de Querlon은 프로메테우스가 빚어낸 창조물들의 의식 발현을 땅의 형상들에 빗대어 나타냈다. 말하자면 시골의 푸르름과 초원의 다채로운 빛깔이 창조물들을 관능적인 황홀경에 빠뜨려 사로잡는다는 식이다.[72]

앞서 이야기했듯이 에덴은 영원히 봄이다. 그래서 희망을 품은 천국의 풀이 한없이 펼쳐져 있는 모습은 곧 에덴의 상징과 같다. 존 밀턴 John Milton은 아담과 이브가 타락하기 전에 천국의 풀이 끈질기게 둘을 에워쌌다고 말했다. 사탄의 눈에 천국은 언제나 "울타리 두른 정원"처럼 보인다고 믿었다. 중세의 **닫**

힌 정원hortus conclusus이 다시 세우려던, 그게 어렵다면 그 상징성만이라도 나타내보려 애쓴 지상낙원 말이다. 존 밀턴이 묘사한 에덴에는 "잔디가 드문드문 나 있고, 양 떼들이 부드러운 풀을 뜯어 먹고 있다." 아담과 이브는 "그늘을 드리운 채 푸른 잔디에게 조용히 속삭이는 작은 숲"에 나체로 앉아 있다. 두 사람 주변으로 짐승들이 뛰노는가 하면, "풀을 배불리 뜯어먹고 잔디에 누운 짐승들은 멍하니 앞을 응시하거나 꾸벅꾸벅 졸고 있다." 푸르른 연못가에서 사랑을 나누는 아담과 이브의 모습은 사탄에게 고문과도 같다. 저녁이 되면 풀로 잠자리를 만들고 둘은 그 안에서 하나가 된다. 아담은 대천사 라파엘에게 자신이 창조될 때 느꼈던 감정들을 이야기한다. 그때의 감정을 다시 떠올리며 아담이 이렇게 말한다. "꽃이 핀 풀밭 위에 가만히 누워 있었죠.[73]"

에밀 졸라Emile Zola 역시 에덴동산을 19세기로 옮겨 놓은 '파라두'를 묘사하며 사랑과 과오가 되풀이되는 이 지상낙원에 자란 풀을 찬양했다. 풀은 이 공간을 시처럼 아름다운 곳으로 만드는 데 결정적인 역할을 한다. 풀은 꿈을 자극하고 유혹과 사랑, 타락이 쉬이 이루어지게 만드는 존재이며, 또한 쓰라린 아픔을 상징한다. 파라두는 목동이 없는 풀밭과도 같다.

천국의 풀은 일찍부터 구상미술에서 그 입지를 인정받았다. 중세의 **닫힌 정원**의 풀들은 스스로 에덴동산의 풀들과 똑같기를 바랐다. 〈일각수를 가진 귀부인〉은 작품에 정중함을 부여하는 수많은 풀과 꽃들로 둘러싸여 있다. 1411년과 1416년 사이에는 랭부르Limbourg 형제가 〈베리 공작의 매우 호화로운 기도서〉에 간간이 꽃이 피어 있는 초원의 풀잎들을 풍요롭게 그려냈다. 아담과 이브는 이번에도 무구한 낙원의 여린 풀잎에 나체로 누워 있으며, 뒤쪽 배경에는 키 큰 풀들이 무성하게 자라나 있다.

필립 티에보Philippe Thiebaut에 따르면 14세기부터 16세기 초까지 타락의 모습을 표현해놓은 그림, 즉 에덴동산 안에서 풀의 모습이 여실히 잘 드러난다고 한다.[74] 1470년에는 휘호 판 데르 후스Hugo van der Goes가 〈인간의 타락〉을 그렸다. 이 작품에는 풀이 등장하기는 하지만 풀잎과 작은 풀숲이 자세히 표현되어 있지는 않다. 1526년에는 루카스 크라나흐Lucas Cranach가 〈아담과 이브〉에 에덴동산의 생물들을 집약해서 그렸다. 이 작품에는 어린 풀들이 등장하는데, 풀잎 한 장 한 장마다 양이 풀을 뜯어먹는 모습으로 표현해 놓았다. 에덴동산은 무엇보다 푸르른 곳이고, 이 푸르름은 순결한 나체와 연결 지을 수 있다. 그 뒤로는 풀을 묘사한 작품들이 눈에 띄게 줄었다.

마지막으로 다룰 내용은 풀이 지닌 사회적 상징체계이다. 이 내용은 여러 문학작품에서 계속 되풀이되는 주제이기도 하다. 계층의 개념이 풀의 형상에까지 반영되기도 한다. 귀족이 사는 저택 앞에 놓인 잔디밭의 모습은 집주인의 사회적 지위를 드러낸다. 필립 들레름은 이 부분을 직접 느끼고 확신했다. "(노르망디 지방의) 풀이 빽빽하게 자란 초지에 서면 마치 성주가 된 기분이 든다.[75]" 그 밖에 가장 자주 언급되는 부분은 풀이 지닌 비천한 신분이다. 풀은 평민과 동일시된다. 풀은 권력자가 짓밟아도 되는 서민들과 닮아 있다. 키스 토마스에 따르면, 17세기와 18세기 영국에서는 서민들을 잡초나 쓸모없는 쐐기풀처럼 여겼다.[76] 그 뒤에 J.C. 루던Loudon은 1838년에 식물학적으로 명확히 분류되는 종들은 문명인과 같고 야생종들은 원주민과 같다고 했다.

이와 유사한 맥락에서 더욱 심각한 상징도 있다. 풀을 외설을 연상시키는 도구로 사용한 것이다. 동시대에 영국에서만 사용한 속어를 보면 풀 중에서 악마처럼 인식된 종들이 많았다. 그래서 소로를 비롯한 여러 시인들이 이처럼 천대받는 풀에 대해 연민을 느끼기도 했다. 풀 중에서 빅토르 위고가 가장 아낀 풀이 바로 쐐기풀이다. 《레미제라블》에서 마들렌 시장이 농부들에게 이렇게 말한다. "여러분, 명심하십시오. 이 세상에는 쓸모없는 풀도 악한 사람도 없습니다.[77]" 또한 쥘 미슐레Jule Michelet는 초원을 꿀벌 덕분에 "모두가 서로의 목소리에 귀 기울이는 사회[78]"라고 표현하기도 했다.

제 2 장

**풀,
유년의 추억**

풀, 유년의 추억

우리가 흔히 사용하는 장식에 풀의 모양이 쓰이는 경우가 많은데, 이러한 장식을 보면 자신도 모르게 "촉각 및 시각적으로 어린 시절로 되돌아가고 싶은 생각이 들" 때가 많다. 이렇게 "무의식을 자극하는" 장식들은 비탈진 목초지, 강가, 가파른 산비탈 등을 표현하는 경우가 대부분인데, 모두 "취할 만큼 무성하게 자란 풀"이 빠지지 않는다. 장 피에르 리샤르는 "추억의 풀"[1] 중심에 "무성한 수초"가 놓여 있다고 했다. 르네 샤르Rene Char는 더 깊이 거슬러 올라 삶의 근원까지 이르렀다. "지난밤 귀뚜라미 한 쌍이 노래하던 풀이 있던 곳. 그곳을 파보자. 거기에 태초 이전의 세상이 있을 것이요. 그곳의 삶은 아주 평온했을 것이다.[2]"

　어린 시절 경험한 풀의 존재를 제대로 마주하려면 "내가" "나를" 억압하지 않고, 매사를 분석적인 관점이 아닌 그저 있는 그대로 받아들였던 시절을 돌아봐야 한다. 그런데 이처럼 명백한 과거와 근원적인 시기에 경험한 것들은 남은 인생에 의식적으로든 무의식적으로든 영향을 준다. 개념적 언어 이전의 시절을 자신 안에 저장해두고 계속해서 들춰보며 살아가는 셈이다. 풀은 유아기에 대한 그리움을 이끌어내는 본질적 방편이 될 때가 많다. 이브 본느프와는 "풀의 장소[3]"를 언급하며 연고지의 상실을 상징하고자 했다.

　우선 본질적인 내용에 접근했으니 이제 남은 일은 여러 시대에 걸쳐 작가들이 풀의 본래적 영향력을 어떻게 언급했는지를 작품 인용을 통해 살펴보는 것이다. 맨 먼저 유년기에 대한 감각적 체험부터 한 뒤에 풀이 핵심적인 자리를 차지하는 강렬한 기억 혹은 그에 대한 재현에 대해 살펴보자.

　조르주 상드는《내 인생 이야기》에서 자신의 어린 시절에 관한 추억들을 끄집어내며 활짝 핀 메꽃에 관한 이야기를 길게 썼다. 그녀는 메꽃 향기가 자기도 모르게 자주 떠올랐다고 이야기했다. "나는 길가에 활짝 핀 메꽃을 처음으로 보았다. 흰색 줄무늬가 은은하게 들어간 분홍빛 방울 모양 꽃이 내 마음을 사로잡았다." 그녀의 어머니가 그녀에게 꽃향기를 맡아보고 꼭 기억하라고 했다. "도무지 설명할 수 없는, 누구든 경험하는 기억과 감각 사이의 상호작용 때문인지 나는 그 뒤로 메꽃의 향기를 절대 맡지 않게 되었고, 내가 처음으로 메꽃을 꺾었던 길가 쪽을 아예 쳐다보지도 않는다.[4]" 빅토르 위고도 유사한 경험을 기록으로 남겼다. 그가 쓴 피레네 지방 여행기 안에 이런 내용이 나온다. "나는 행복했다. 어린 시절을 떠오르게 하는 메꽃 향기가 코끝을 수차례 스쳐갔다.[5]"

어렸을 때 맡았던 풀과 건초의 향기의 위력은 여러 문학 작품에서 반복적으로 등장하는 주제이다. 쥘리앙 그라크Julien Gracq는 1992년에 거센 방울 소리가 울려 퍼지는 광활한 목초지를 마주하고 《대로 기행일지》를 썼다. 이 책에서 그는 "우리를 취하게 하는, 우리의 아주 오래된 기억을 끄집어내게 만드는 베어낸 건초에서 나는 향기"를 언급했다. "오랜 시간 까맣게 잊고 있다가 자신이 직접 **자연의 푸른 땀**과도 같은 땅을 짓이겼던 때를 다시 떠올리는 것처럼 말이다.[6]"

베어낸 건초의 향기는 무의식적으로 끊임없이 머릿속에 기억을 떠올리게 하는 그 무엇인 만큼 오늘날에도 수많은 작품에서 회자된다. 최근에는 니콜라 들르살Nicolas Delesalle이 《베어낸 풀의 향기》라는 제목의 훌륭한 소설을 출간했다. 그는 부다페스트의 눈 덮인 거리를 거닐다가 어째서 이 향기가 자신을 계속 쫓아오는지, "어떤 요철도 없는" 기억 속에 놓인 "아주 미미한 순간"

이 이토록 다시 떠오르는지 궁금해 했다. 어떻게 해서 이런 "뉴런의 마법"이 이루어지는지 말이다. 끊임없이 생각한 끝에 그는 극히 미미한 순간에 대한 기억에 이르렀다. 그 순간은 그의 기억 속에 생각보다 깊이 새겨져 있었다. 바로 유년 시절의 일이었다. 그가 11살 때, 베어낸 건초 냄새를 기분 좋게 맡은 적이 있었던 것이다. 니콜라 들르살은 "한 마디 말보다 더 진하게 풍기는 이 향기, 이 기쁨, 이 자명함, 베어낸 풀에서 나는 이 향기[7]"에 대해 거듭 언급하며 이야기를 끝낸다.

프랑수아즈 르노Françoise Renaud는 소설《풀밭의 여인들》에서 앞서 언급한 것과 같은 풀의 향기와 무의지적 기억 사이의 관계에 대해 되풀이해서 말한다. 여주인공은 유년기를 보낸 고향으로 돌아와 풀밭에 엎드려 두 손으로 풀밭을 헤집으며 고향이 자신을 알아보도록 한다. "그렇게 어린 시절 맡았던 향기들은 그녀 안에서 되살아나 넘쳐흘렀다.[8]"

2012년에는 구스 드 프레Guth des Prez가 시골에서 보낸 유년의 추억들을 하나씩 꺼내놓았다. 그는 토끼에게 먹일 풀로 가득한 가방에서 풍겨 나오는 "식물 연금술이 빚어낸 골치 아프게 하는 냄새"를 강조했다. 건초 베는 시기가 오면 해질 무렵, "우리는 베어낸 풀에서 풍기는 취할 듯한 냄새에 흥분해 미친 듯이 뛰어다녔다." 그는 "(자신의) 유년기의 냄새 나는 부드러운 건초"를 향한 찬가로 이야기를 마친다. 이 찬가를 써내려가며 베어낸

건초의 냄새가 자신을 "오래된 향미"에 취하게 한다고 자신 있게 말했다.[9]

이제 후각이 아닌 시각적 기억을 살펴보자. 필립 자코테는 자신의 《일지》에 이렇게 적어놓았다. 1973년 5월, "유년기에 마주했던 목초지들은 묘하게 쓸쓸해 보였다—모든 것이 텅 비어 있거나 영원히 도달할 수 없는 곳인 것처럼.[10]" 유년 시절이 지나가고 나면 살아가는 내내 그 시절의 추억들이 자아의 뿌리를 다시 찾아가고 싶다는 욕구를 메워준다. 이브 본느프와는 이렇게 썼다. 풀은 이처럼 "본질적이면서도 변덕스러운 어떠한 존재[11]"나 다름없다.

지금까지 서론을 대신해 작품 속 몇몇 사례들을 미리 살펴보았으니, 이제는 다시 연대순으로 살펴보자. 풀이 지닌 추억에 관한 지배력의 역사는 꽤 오래전부터 이어져오고 있다. 특히 18세기 중엽 감수성이 돋보이는 시대를 지나며 이러한 역사가 깊어졌다. 유명한 회고록 작자인 발랑탱 자므레 뒤발Valentin Jamerey-Duval은 그 옛날 자신의 유년기의 기쁨에 대해 이야기했다. 그는 여덟 혹은 아홉 살 때 즈음 오직 새들과 날벌레, 나비만 벗 삼기로 마음먹고 날이 어두워질 때까지 풀밭을 누비며 숨이 찰 때까지 이들을 쫓아다녔다고 한다.[12]

루소 역시 《참회록》에서 홀로 거닐었던 날들에 대해 되풀이해서 말했다. 그는 풀밭에서 마구 뛰노는 모습을 상상했던 일을 회고한다.《고독한 산책자의 몽상》에 등장하는 7번째 산책 중에 그가 자문했다. "'예순다섯이 지나 얼마 없던 기억력도, 그나마 남아 있던 기력도 없는 마당에 나는 어째서 갑자기 이 엉뚱한 짓에 다시 사로잡힌 걸까?' 식물학은 내 젊은 시절과 순수한 기쁨을 환기시켜 다시금 삶을 즐기게 한다.[13]"

시골을 "때 묻지 않은 요람"이라 생각하는 베르나르댕 드 생 피에르Bernardin de Saint-Pierre는 이렇게 털어놓는다. "씨앗이 모여 둥근 모양을 이룬 민들레를 보면 또래 아이들과 풀밭에 앉아 단숨에 '후'하고 불어 하나도 남김없이 씨앗을 날리려 했던 기억이 떠오른다.[14]"

19세기 전반기에는 낭만주의 문학 세대가 풀의 존재감이 분명히 드러나는 유년기의 추억들을 되풀이해 이야기했다. 모리스 드 게랭Maurice de Guérin은 1833년 4월 5일에 이렇게 썼다. "날씨가 한없이 좋은" 날, 햇빛이 비치는 초원에 앉아 "어린 시절 느꼈던 강렬한 느낌들을 다시금 느꼈다." 그는 땅이 윙윙거리며 노래하는 소리에 귀 기울이고 자신도 똑같이 따라 부르며 이렇게 썼다. "나는 이처럼 무언가를 제일 처음 바라보았을 때 가진 느낌을 다시 되풀이하는 일이 인생을 살아가면서 가장 기분 좋게 유년기를 떠올리는 방법이라 생각한다.[15]"

라마르틴 역시 자기 자신 혹은 작품 속 등장인물들의 유년기 추억 속에 풀이 존재하고 있음을 반복해서 말했다. 그는 어린 시절부터 자신을 즐겁게 했던 시냇물과 잔디의 어울림에 대해 즐겨 이야기했다. 그는 《전주곡》에서 "인자한 작은 골짜기"를 위한 찬가를 썼다. 이 찬가에서 유년의 추억으로부터 비롯된 향수를 노래했다. 여기에서 풀은 소리가 울리는 풍경을 이룬다. "내 발소리가 들리는가. 내가 밟고 지나가는 부드러운 잔디의 소리가 들리는가……." 그의 고향인 밀리 Milly 에서는 모든 것이 그에게 말을 건다. "바람, 꽃이 핀 가시나무, 푸르거나 시든 풀, (…) 초원의 일렁임", 이 모든 것들은 "자신만의 추억과 자신이 지극히 아끼는 그림자를 지닌다.[16]"

외젠 프로망탱 Eugène Fromentin 의 소설 《도미니크》의 주인공은 어렸을 때 트랑블 Trembles 주변에서 풀을 베어 말렸던 기억을 떠올린다. "사람들이 풀을 베고 모으는 모습을 바라보기도 했고, 건초를 한가득 싣고 돌아오는 짐수레에 올라타기도 했다. 건초 더미 위에 대자로 누워, 커다란 침대에 잠든 어린아이처럼 수레가 베어낸 풀 위를 지나며 기분 좋게 덜컹거리는 움직임에 몸을 맡겼다. (…) 들판의 푸른 가장자리 너머로 끝없이 펼쳐진 바다를 보았다. (…) 뭔지 모를 아주 넓고 광활한 감정이 나를 파고들었고, 잠깐이나마 나는 현실을 잊을 수 있었다.[17]"

보다시피 풀에 관한 추억에서 비롯된 감정들은 강렬하고도 다양하다. 이러한 감정들은 19세기 서양의 여러 문학 작품들 곳곳에 등장한다. 특히 조지 엘리엇 George Eliot 은 이러한 관점의 대표적인 작가로 손꼽힌다. 그녀는 이렇게 썼다. "만약 마음속에 여전히 살아남아 우리가 지각하는 것을 사랑으로 바꾸어주는 오래전 그 옛날의 햇빛과 풀에 대한 추억이 없다면, 오늘날 햇빛을 받으며 풀잎 무성한 들판을 보고 느끼는 기쁨은 다만 지친 영혼의 희미한 인식에 지나지 않으리라.[18]" 이러한 감정은 미묘하고 헤어 나올 수 없는 모든 종류의 감각들이 실린 언어에 속한다. 유년의 시간들은 금세 지나가며 이러한 언어를 남기고 간다.

윌리엄 워즈워스William Wordsworth의 모든 시에는 잃어버렸다 되찾은 유년기의 여러 가지 감각과 감정이 잘 드러난다.

"오 더웬트여!
수풀 우거진 모래톱을 굽이쳐 흐르는 그곳은
품 안의 아기였던 내가 바라보던 곳이네. (…)"

워즈워스는 자신이 어릴 적에 떠돌던 곳들을 끊임없이 이야기했다. 그는 5살 때부터 "도요새들이 모여드는 탁 트인 언덕" 여기저기를 쏘다녔다. 그는 나비에게 이렇게 말했다고 한다. "유년기의 역사가여!" 그는 어느 날 풀밭에 누워 예전에 들었던 뻐꾸기의 울음소리를 듣는다. "어린 시절 내가 귀 기울였던 바로 그 소리"를 말이다. 워즈워스는 까마귀가 "둥지 위로 난 풀잎들

에 매달려 있을 때" 까마귀를 사냥했던 기억도 떠올린다.[19]

존 러스킨John Ruskin은《건축의 일곱 등불》에서 봄의 들판에 무리지어 핀 꽃들이 자아내는 "강렬한 인상"은 "그들의 삶과는 또 다른 어떤 삶의 존재"에서 기인한다고 말했다. 그는 "창조의 영광이 결코 사라지지 않는 것은 (…) 그것이 계속해서 다시 찾아와서가 아니라 그저 추억을 통해 그 영광이 더욱 고귀해지기 때문이다[20]"라고 말했다.

이번에는 미국으로 가 보자. 풀에 큰 애착을 보였던 휘트먼은 자신의 유년기를 회상할 때마다 거듭 풀을 떠올렸다. "날마다 나가 놀기를 좋아하는 아이가 있었다./ (…) 일찍 피어난 라일락이 이 아이의 일부가 되었다./ (…) 4월과 5월의 들판에 돋아나는 새싹들도 그의 일부가 되었다./ (…) 길가의 흔하디흔한 잡초들마저도 그의 일부가 되었다.[21]"

이탈리아 사람들도 낭만주의 시대에 이러한 감정의 무리에 찬사를 보냈다. 자코모 레오파르디Giacomo Leopardi는 〈추억〉이라는 제목의 시에서 자신의 어두웠던 시절을 언급했다. 행복한 감각들이 아직 깨어나지 못했던 시절 말이다. "어린 시절 느낄 수 있는 모든 기쁨을 알지 못했던, 여명의 적막함도/ 초원의 푸르름도 좋아하지 않았던 그때.[22]"

이미 살펴본 것처럼 20세기의 작가들은 다양한 방식으로 풀잎과 유년의 아름다움을 수없이 노래했다. 앙리 보스코Henri Bosco

의 《반바지 당나귀》에 등장하는 콩스탕탱은 자신의 추억을 하나씩 늘어놓는다. 이 등장인물은 뒤에 또 다시 나온다. 그는 어렸을 때 "여름의 열화가 느껴지는 마른 풀밭에 앉아 몇 시간이고 앉아 있었다. (…)" 그는 이렇게 회상한다. "나는 기쁨과 두려움을 동시에 느끼며 은근한 열기가 전해지는 지표로 조금씩 더 다가갔다. 이후 삶을 살아가며 이 추억을 떠올리기만 해도 마음이 마구 흔들렸다.[23]"

콜레트는 《포도나무 덩굴손》에서 어린 시절의 추억들을 분류해 기록하며 봄의 도래에 관한 무의지적 기억을 자세히 서술했다. 그녀는 독자에게 이렇게 말했다. "어린 풀의 푸르름은 (…) 당신의 코끝에 자유분방한 제비꽃의 한결같은 향기를 가져다줄 것이다. 숨을 깊이 들이마셔 지난날을 지워버리는 사랑의 묘약을 느껴보라. 나처럼 당신도 눈앞에 유년기의 봄날들이 생생하고 뚜렷하게 되살아날 것이다." 콜레트는 제비꽃의 종들을 길게 열거하고 난 뒤 이렇게 외쳤다. "오 내 어린 시절의 제비꽃들이여! 너희들은 모두 내 눈앞에서 차례로 떠올라, 4월의 우윳빛 하늘을 수놓는구나. 수없이 핀 네 작은 얼굴들의 떨림이 나를 취하게 하네.[24]"

헤르만 헤세는 풀과 추억의 얽힘을 가장 폭넓게 다룬 작가이지 않을까. 그는 《내 유년 시절》에서 만 세 살이 끝나갈 무렵을 떠올리며 혼자 풀밭을 찾아가 이리저리 거닐었던 어느 여름

날을 이야기한다. 이 기억은 그의 의식 깊숙이 "끊이지 않고 항상 빛나는 아름다운 꿈처럼" 머무른다. 그때 당시 집 안에서 보냈던 시간들에 관한 기억은 "내가 풀밭에서 보낸 시간과는 전혀 다를 뿐만 아니라 뚜렷하지도 않다." "이 아린 행복감을 가장 강렬히 느끼게끔 하는 것도 나 홀로 풀밭을 거닐었던 순간들이다. 유년 시절로 머나먼 여행을 떠날 때면 거의 어김없이 이 아린 행복감을 느낀다. 지금까지도 이곳 벌판의 풀 냄새를 맡으면 순간적으로 흥분이 일고, 앞으로 다른 어떤 풀밭에 가더라도 이토록 감동적인 아름다움을 다시 찾을 수 없을 거라는 묘한 확신이 든다."

그는 이런 글도 남겼다. "그때 이후로 이러한 느낌들을 떠올릴 때면, 눈으로 직접 보고 손으로 만져 본 (…) 모든 귀한 것들이 이 초원과 그것이 품고 있던 화려함에 비해 너무도 보잘 것 없는 존재들 같다는 생각이 들게 되었다.[25]"

폴 가덴이 쓴 《실로에》의 주인공 시몬은 언젠가 산책을 하다가 어느 초원을 보고 "갑자기 그 초원이 아주 오래전 어렸을 때부터 알던 곳이며, 그때에도 그곳을 항상 이렇게 바라보았다는 확신이 들었다.[26]" 작가가 떠올린 이 같은 기억 충격은 유년의 추억이나 무의지적 기억, 어떠한 풍경을 다시 만나는 것 이상의 의미를 지닌다. 이것은 익히 알려진 심리학 용어인 "데자뷔 déjà-vu"라는 현상 중 하나이다.

로베르트 무질의 '특성 없는 남자'는 "순서가 오락가락하는 수수께끼 같은 이미지들을" 경험한다. "우리네 인생 여정에 계속해서 머물러 있는" 이미지들을 말이다. 그런데 주인공 울리히의 삶의 장면 장면을 보여주는 이러한 이미지들 중 첫 번째는 다름 아닌 어린 시절에 관한 추억이다. 예컨대 "동틀 무렵의 어느 초원"에 대한 이미지이다. 무질은 이 말도 덧붙였다. "이러한 이미지들은 마치 한순간 덧없이 사라지는 것처럼 느껴지겠지만 사실 우리의 모든 인생이 이 이미지들 속에 녹아 있다고 할 수 있다.27"

기 토르토사Guy Tortosa는 피에르 파올로 파졸리니Pier Paolo Pasolini의 문장을 인용했다. 파졸리니는 풀에 관한 무의지적 기억을 찬양한 시인들 중 한 명이다.

> "나는 강가 헐벗은 나무들 사이로 자란
> 풀 위에 잠시 멈춰 섰다가
> 이내 다시 걸음을 옮겨 구름 속으로 들어가
> 나의 어린 시절을 바라본다."

이 외에 1941년에 출간한 파졸리니의 첫 시집 《카사르사의 노래》에서도 인용했다.

> "아아, 나의 어린 시절이여,
> 나는 빗속으로 전해지는
> 초원의 푸르디푸른 풀향기 안에서 태어났다네. (…)[28]"

풀과 유년기를 연결 짓는 것이 무의지적 기억과 강렬한 기억만은 아니다. 보다 간단한 현실적인 요소들도 있다. 이를테면 어린 아이들은 누구나 풀밭에서 뛰놀기를 좋아한다. 그리고 어른들은 아이들이 기뻐하는 광경을 보며 특별한 감정을 느낀다. 드니즈 르 당텍은 이렇게 썼다. "풀은 유년기의 아름다운 그 어떤 곳이다. 어린 아이는 풀을 아주 좋아한다. 풀을 입에 가져가고 뽑고 던지며 마구 흐트러뜨린다.[29]" 우리를 기분 좋게 간질이는 풀도 빼놓을 수 없다. 아이들은 풀밭이나 잔디밭에서 놀 수 있는 기회가 생기면 하루 종일 구르고 넘어지며 깡충깡충 뛰기를 반복한다. 시골에서는 들판에서 달리고 풀밭에서 씨름하는 게 최고의 놀이이다. 이처럼 풀만 있으면 온갖 종류의 놀이와 유희가 가능하다.

월트 휘트먼은 어린 아이가 풀에 집중하는 모습과 풀이 아이의 마음속에 일으키는 질문들을 유심히 살펴보았다. "한 아이가 두 손 가득 풀잎을 가져와 내밀면서 물었다, '이게 뭐예요?' 내가 그 아이에게 무어라 답할 수 있을까……? 그것이 무엇인지 나도 알지 못하는데." 결국 휘트먼은 "나는 그것이 내 마음의 깃

발, 희망이 담긴 초록 뭉치들로 만들어진 깃발인 것 같다"고 답했다. 아니면 풀잎은 "아이 그 자체라고……. 식물의 모습을 한 아이인 것 같다[30]"고 했다. 빅토르 위고는 어느 날 아이들을 풀밭에서 뛰놀게 했다.[31] 그리고 이 광경이 그를 감동시켰다. 바하라흐 Bacharach에서 그가 머문 여인숙 뒤뜰에서 남자아이 셋과 여자아이 둘이서 하루 종일 "무성한 풀숲에서 진탕[32]" 노는 것과 같은 광경 말이다. 이때 그는 아마도 푸른 초원을 사랑한, 자기보다 먼저 세상을 떠난 딸 레오폴딘[33]을 떠올리며 그리워하지 않았을까.

　작품 안에서는 어떨까? 엠마 보바리는 밖에서 들려오는 아이의 밝은 웃음소리에 이내 들뜨고 만다. "애가 그때 마당으로 나가 풀을 말리고 있는 곳에 간 거였지 뭐예요. 풀 더미 위에 엎드려 있었어요.[34]"

　모두 느끼겠지만 요즘 아이들은 풀밭에서 마구 뛰어놀기보다 공원에 산책을 나가는 경우가 점점 더 많아지고 있다. 이에 대한 이야기는 뒤에서 다시 다루고자 한다. 공원에 있는 풀은 그저 바라만 볼 수 있는 대상일 뿐이다. 그곳에는 대체로 잔디를 밟지 말라는 푯말이 어김없이 내걸려 있다. 결국 아이들은 박물관에서와 마찬가지로 자신의 욕구를 억누르며 풀을 눈으로만 바라보는 훈련을 해야만 한다. 그렇기 때문에 요즘 아이들은 풀을 보며 긴장감과 희생정신부터 배울 수밖에 없게 되었다.

제 3 장

목장에서의 경험

목
장
에
서
의

경
험

목장은 긴 역사를 지녔다. 오늘날 이 역사에 관심을 보이는 전문가들이 많아졌다. 목장의 특징에 관한 규정은 비록 목장의 형태에 대해 말하지는 않지만 중세 시대부터 20세기에 이르기까지 상당히 일관적이다.[1] 항상 풀이 나 있는 상태를 유지하는 것은 매우 중요한데 이렇게 제한된 면적의 울타리 친 공간은 주로 방목을 위한 곳이며, 대체로 강가에 자리 잡고 있을 때가 많다. 목장은 풀의 강렬한 욕망을 상징한다. 프랑스에서는 적어도 중세 시대의 전성기 때 이러한 특징이 두드러졌다. 당시 목장은 특히 시골 마을에서 선망의 대상이자 경제적 지배의 수단이었다.

목장은 대표적인 내기의 대상이기도 했다. 어쨌거나 목장의 특징들은 시대에 따라 변했다. 18세기 말엽 목장은 13세기의 목장과는 달랐다. 공간적 및 사회적 재구성의 대상이 된 것이다. 또한 목장의 규정 및 그 특징도 프랑스 지역에 따라 조금씩 달랐다. 여하튼 목장 주인이 풀을 제대로 관리하려면 세월의 흐름에 따라 변하는 목장의 특성을 알아야만 했다. 하지만 목장은 그것이 지닌 공간적, 경제적, 사회적 규정과는 완전히 다른 별개의 존재로 바라보아야 한다. 이것이 결국 내가 말하고자 하는 바이다.

1600년에 출간된 올리비에 드 세르의 《농업경영론》은 농촌 지역의 미학적 가치를 다루는 책이 아니지만 글 안에서 농촌을 "세상과 긴밀히 연결된 전율", "천지창조의 완벽한 작품"으로 묘사하고 있다.[2] 어떤 면에서 보면 미적 의식에 속하는 감정들이 이 책 곳곳에 들어 있다. 특히 작가가 목장을 언급할 때 그러한 감정들이 드러난다. 그는 목장을 주제로 한 챕터에서 "경영자"로서 기대되는 수확량만큼이나 기쁨의 감정을 강조했다. 이와 같은 행복한 기대감은 고대 로마 시대부터 계속해서 이야기되어 왔음을 상기시킨다. 16세기가 거의 끝날 무렵에 쓰인 이 책은 목장이 주는 기쁨은 그것의 아름다움에서 비롯된다고 명쾌하게 설명하고 있다. 올리비에 드 세르는 이렇게 썼다. "집을 이보다 더 멋지게 꾸밀 수 있는 장식이 또 어디 있겠는가? 풀의 푸르름 위로 계절마다 피는 꽃들이 수를 놓으면 눈과 생각이 즐거워진다. 목장과 가까이 있으면 언제든지 유쾌한 산책을 할 수 있다." 그래서 "마을의 선량한 사람들은 목장을, 특히 울타리 쳐진 목장을 자신의 명예로운 재산이라 말한다." "훌륭한 경영자라면 (…) 자신이 가진 모든 재산 중에서 당연히 목장을 가장 가치 있는 존재로 여긴다." 그만큼 그들은 목장을 "단순히 일을 대하듯 힘겹게 관리하지 않고 관심을 기울이며 정성 들여" 돌본다.[3]

"경험하는 풍경." 르네 샤르의 작품에서 영감을 얻은 표현이다. 역사가 미셸 콜로Michel Collot의 연구에 길잡이가 된 이 표현은 특히 목장과 잘 들어맞는다. 왜냐하면 목장은 "하나의 존재 방식"이기 때문이다. 목장은 고유의 성격을 지닌다. 한 마디로 하나의 인격체이다. 리뇽Lignon 강가에 있는 목장을 떠올리며 4년이라는 세월을 보낸 프랑시스 퐁주는 이렇게 말했다. "목장은 그만의 기질이 있다." 목장은 나름의 "죽는 방식"이 있고 "특별히 장수하는 방법"이 있다.[4] 어쨌든 목장과 초원 사이에는 분명히 차이점이 있다. 무엇보다 목장의 풀은 지나치게 길게 자라거나 빨리 자라지 않는다.

그런데 "목장을 바라보면 우리의 마음이 일렁이고 어떤 생각에 빠질 수 있는 건, (…) 우리가 목장과 동일한 자연 과정에 속해 있어서 어떤 공통점을 지니고 있기 때문일 것이다.[5]" 목장은 우리의 자연에 속한다. 이따금 자연이 우리에게 우리의 존재 방식과 들어맞는 목장을 선물해주었고, 이 목장은 우리와 운명을 함께 한다. 프랑시스 퐁주의 《목장의 건축물》이 시인의 감정적 문제를 다루고 있는 것도 이러한 이유에서이다.

빅토르 위고부터 귀스타브 루에 이르는 수많은 시인들은 사람들이 목장을 관조하며 목장과 그것을 바라보는 자의 내면 간의 조응을 느끼고, "만물의 진짜 언어"가 들리도록 이끌었다. 귀스타브 루는 이렇게 썼다. "항상 혼자는 아님을 우리는 알게 될 테지. 이 목장을 보라…….[6]"

목장의 다양한 특징들이 있다. 목장의 전형적인 특징은 흔히 눈에 띄는 경사진 지형과 깨끗함, 선명함에 있다. 프랑시스 퐁주에 따르면 목장은 "모든 것이 완벽히 준비된 곳", 즉 "명쾌한 결정"과 "명쾌한 생각"을 내리는 곳이다.[7]

결정적으로 목장은 물과 조화를 이룬다. 목장은 비에 대한 회답이다. "비를 초록색으로 구현한" 것과 같다. 앞서 살펴본 것처럼 퐁주는 풀잎을 신이 깃든 분수와 같다고 묘사하는가 하면 "위로 솟구친 수액[8]"과 같다고도 했다. 미쉘 콜로는 목장을 증발하는 대신 땅을 지나 "풀이라는 가장 기본적인 형태로 거듭 태어나기로[9]" 마음먹은 물의 또 다른 모습이라고 했다.

빅토르 위고는 《빛과 그림자》에서 이 세상의 수수께끼들을 나열하며 자문한다. "하느님, 당신은 무얼 하고 계시나요?" "당신의 작품은 무엇에 쓰는 건가요? (…)/ 목장은요? 잔디를 씻어 내는 맑은 시냇물은요? (…)[10]"

필립 자코테는 "좁은 틈 사이로 삐져나온 강줄기", "풀숲 사이를 빠르게 흐르며 거센 물보라를 일으키는 강줄기"를 보고 감탄한다. "강줄기가 목장의 다른 쪽 끝에서 반짝인다." 잠든 두 개의 목장 사이로 강줄기가 먼저 눈에 띈다. 그곳에 시선이 닿은 어떤 이가 경이롭게 반짝이는 쪽을 유독 눈여겨보며 말한다. "높은 하늘에서 반짝이면 더 화려하다는 것을 알면서도 겸허히 땅속에서 반짝이는 이 모습이 얼마나 경이로운가!" 필립 자코테는 자신이 종종 찾는 이 강줄기에서 불안정함과 덧없음으로 점철된 세상의 어떤 지점, 우리가 좀 더 용기 있게 죽음을 준비할 수 있게 해 주는 지점을 감지한다.[11]

이따금 목장 어딘가에 샘물이 잠들어 있기도 하다. 샘물은 골풀 사이에 소박한 물웅덩이 모습으로 있거나 두 개의 돌 사이로 조촐하게 솟아오른다. 엘리제 르클뤼Élisée Reclus는 자문했다. "어둠에서 지금 막 새어나와 이토록 환하게 빛을 비추는 이 물을 보고 어찌 매료되지 않을 수 있을까?" "감옥에서 풀려나, (…) 푸른 하늘과 나무, 풀잎을 바라보며" 기뻐하는 요정을 떠올리게 한다. 르클뤼는 이렇게 결론짓는다. 샘물은 "대자연을 자신의 밝은 사파이어 빛에 비추고, 우리는 이 투명한 시선 속에 신비로운 부드러움이 스며드는 것을 느낀다."

자신을 샘물 애호가라고 조심스레 생각했던 그는 이제 막 산책을 시작하려는 사람에게 작은 샘에서 물이 솟아나오는 모습을 보려면 돌멩이들을 들어 올려 보라고 권했다. "그러면 이내 순수하고 유쾌한 동심으로 되돌아갈 것이다." 르클뤼는 이렇게 썼다. 시냇물이 시작되는 곳 가까이에서 샘물이 들릴 듯 말 듯 속삭일 때면 "땅 곳곳에 귀를 대고 냇가 사이를 흐르는 물의 떨림과 서로 부딪히며 아파하는 풀잎들의 신음소리를 들어야만 했다." 그가 보기에 샘물이란 세상의 젊음을 나타내고, 인류의 탄생을 상기시키는 그 무엇이었다.[12]

그는 《시냇물》에서 목장과 냇물의 결합을 설명하는 데 많은 지면을 할애했다. "마을의 어린아이였던 우리 모두는 물결이 출렁이는 냇가를 따라 곧장 달리길 즐겼다. 한 발 한 발 구를 때마다 냇가가 거대한 조각들로 부서지고, 그렇게 해서 무너져 내린 곳에 빠지지 않도록 부리나케 도망치는 놀이가 무척이나 즐거웠다."

목장에 가면 군데군데 길게 자국을 남기듯 풀밭 위로 흐르는 시냇물을 어김없이 만날 수 있다. 장 지오노는 소설 《소생》에서 풀과 "목장에서 자라는" 시냇물의 조화에 주목했다. "냇물은 수풀이 우거진 경사면을 따라 흘러와 바위를 타고 떨어지다가 마침내 언덕 사이로 파고들었다. (…) 깜깜한 밤이 되면 그 냇물은 수풀 사이에 몸을 숨긴 채 푸른 눈만 깜빡이고 있다." 집 근처를 지나는 또 다른 시냇가에 대한 이야기도 나온다. "비 때문에 물이 많이 불어나서인지 시냇가의 풀들은 온통 흙투성이였다. 시냇물이 투덜거리고 있었다. (…) 시냇물은 결코 만족할 줄을 모른다. (…) 시냇물은 언제나 저 모양이다.[13]" 또한 지오노는《세상의 노래》에서 이번에는 봄날 목장을 흐르는 시냇물을 자세히 들여다본다. "철철 흘러내리는 물이 마치 춤을 추는 듯 수풀 속을 파헤치고 있었다.[14]" 프랑수아즈 르노는《풀밭의 여인들》에서 풀밭 사이를 교묘히 흘러지나가는 개울에 대하여 이야기한다. "개울이 졸졸대는 소리가 어찌나 밝고 생기 있었던지, 마치 땅의 정령이 노래하는 듯했다.[15]"

강보다는 다소 눈에 덜 띄지만 습지도 마찬가지이다. 토마스 하디Thomas Hardy의 소설《성난 군중으로부터 멀리》에는 볼드우드가 밧세바에게 "기쁨과 조화로만 이루어진" 목장에서 청혼하는 장면이 나온다. 그곳에 연못이 하나 있는데, 연못 주변으로 "물기를 머금어 화려한 에메랄드빛을 내는 잔디가 펼쳐져 있는가 하면, 피어난 꽃들이 초원 언저리 여기저기를 밝히고 있었다.[16]"

프랑시스 퐁주는 목장의 식물들이야 말로 가장 꾸밈없고 소박하며 겸손하다고 이야기했다. 이것들은 대체로 가느다랗고 얇은 모양새를 하고 있다. "자연이 단 한 번의 붓질로 단숨에 그려낸 최후의 걸작인 듯 뻗어 있다." 세상을 떠받치는 것들 중 가장 간단한 형태를 띤 것이 바로 식물이다.[17] 도시의 공원들과 달리 목장은 누구에게도 금지되지 않은 잔디이다. 이것이 바로 우리가 목장을 사랑하는 하나의 이유이다.

특히 목장은 그 특유의 초록빛으로 보는 이를 유쾌하게 하고 마음의 쉼터가 되어주기도 한다. 초록빛은 풀의 연약한 순수함에서 비롯된다. 눈부실 정도로 요란한 그 빛깔은 여러 개의 초록색 층이 겹쳐져 만들어진다. 그리하여 목장은 무수히 많은 색을 가질 수 있게 된다. 목장의 쾌적함은 사람의 마음을 끌어당기지만, 그렇다고 자극적이지는 않다. 이는 풀의 존재 방식에서 비롯된 것이라 하겠다. 프랑시스 퐁주가 이따금 "한결같이 자신을 드러내지 않고 순순히 복종하는[18]" 모습과도 같다고 한 소박한 살랑거림에서 비롯된 것이다.

목장은 풍부하고 다양한 감각적 메시지를 던진다. 목장은 스스로 소리를 낸다. 랭보Rimbaud는 산문집《일뤼미나시옹》에서 풀은 어느 거장의 손끝에서 연주되는 클라브생이라고 표현했다.[19] 또한 프랑시스 퐁주는 바흐Bach의 브란덴부르크 협주곡 제5번 1악장을 마치 풀이 쓴 곡 같다고 했다. 이러한 청각적 심상은 목장만이 지니는 특유의 호흡, 숨결, 입김에서 비롯된다. 알퐁스 도데Alphonse Daudet는 들판의 군수가 목초지의 울림과 향기에 얼근히 취한 모습을 그려냈다. 샘물은 수풀 밑에서 멋진 음악을 연주하고, 제비꽃들은 향기로운 냄새로 그를 유혹했다.[20]

최근에 루시앙 페브르Lucien Febvre가 16세기 사람들에게 감각, 특히 후각을 사용하는 그들만의 독특한 방법이 있었다는 사실을 밝혀냈다. 조아생 뒤 벨레Joachim Du Bellay가 목초지에 대해 쓴 시에서 이러한 주장이 사실임이 잘 드러난다.

> "형형색색 갖가지 꽃들의
> 시들지 않는 자유로움이 그만의 향기로
> 초지에 장엄하고도 영원한 푸르름을
> 선사한다네.21"

저녁, 밤, 아침, 한낮……. 목장을 언제 바라보느냐에 따라 서로 다른 색깔의 감정이 생긴다. 필립 자코테는 "텅 빈 광활한 초지를 한낮이 아닌 저녁에 바라볼 때" 느껴지는 일련의 감정에 대해 이야기했다.

> "키 큰 풀들이 그 어떤 두려운 기색이나 한 점 동요도 없이 가볍게 살랑거린다, 아니 그보다는 떨린다고 해야 할까. 긴 촛대에 끼워진 초가 순식간에 녹아 사라지는 기나긴 여름 저녁에.
> (…) 결국 말라버릴 가냘픈 불멸의 풀을 바라보며 여러 가지 일들, — 아주 거친 — 역사를 떠올린다. 화려함 없는 풍요로움, 호사롭지 않은 풍부함, (…) 생기 있고 상냥하며 마음을 달래주는 싱그러운 넓은 공간. 저녁마다 하늘과 맞닿은 곳에서부터 나뉘고 가벼워져 살아 움직이며 떠오르는 (…) 땅.
> 그리고 이 모든 것의 흙이 모여 생기 있지만 고요하고도 광활

목장에서의 경험

한 초지를 이룬다. 떨리는 지면 위로 이름 모를 꽃들이 피어 있고, 곧게 뻗은 가느다란 (…) 줄기들이 땅의 깊고 어두운 곳에 묶여서도 간신히 땅에 매달려 가볍게 흔들리네.²²"

그보다 한 세기 이전에 레오파르디는 어느 밤 창 너머로 펼쳐진 달빛 비치는 초지를 바라보며 생각했다.

"(…) 지평선에 가까워질수록
달이 점점 더 커지더니
어느덧 초지 한가운데 내려앉는 순간에 이르렀다!"

"달빛이 (…) 초지의 한가운데에서
흐려지며 차츰 어두워지더니
주변의 모든 풀에서 연기가 피어올랐다!²³"

존 키츠John Keats 역시 《나이팅게일에 부치는 노래》에서 밤에 목장의 풀을 만나고 찬양한다.

"발 아래 피어 있는 것이 무슨 꽃인지 나는 모르고
나뭇가지에 어리는 향긋한 냄새가 무엇인지도 모른다.
하지만 향기 찬 어두움에서 그 냄새를 짐작건대²⁴ (…)"

필립 자코테는 이른 아침 산책을 나설 때 느끼는 감정들을 묘사했다. "태양이 제 빛을 완전히 발하기 전, 텅 빈 길가에 나서면 아직 잠들어 있는 목장의 모습을 만날 수 있다. 무언가 축축하고 차가운 밤중의 모습이 여전히 미적거리면서도 (…) 고요한 기색을 내비친다.[25]" 이 짧은 문단에서도 풀이 자란 곳들은 땅을 이루는 그 어떤 요소들보다 훨씬 더 많은 감정들을 일으킨다는 점이 잘 드러난다. 그보다 한 세기 이전에 라마르틴은 한낮에 내리쬐는 햇살의 느낌을 이렇게 표현했다. "목장 사이로 넘쳐흐르는 풍성한 물줄기 같구나![26]"

물론 목장을 바라볼 때 이는 감정들은 계절에 따라 달라진다. 봄에는 특별한 환희가 일어난다. 헨리 데이비드 소로는 봄이 도래한 메사추세츠Massachusetts의 녹음을 묘사했다. "바람이 바뀌고 (…) 오랜 시간 목장의 풀밭에서 땡그랑거리던 서리방울들이 새싹 줄기들을 따라 조르륵 흐르기 시작하며 자신과 닮은 수많은 것들과 함께 줄지어 서있다. (…) 나그네의 발길이 풀 위를 스칠 때면 풀잎에 달랑거리며 즐거이 매달려 있었던 봄을 맞이하는 환희가 수없이 흩어지는 것만 같았고, 나그네가 이리저리 옮기는 발걸음마다 풀들이 영롱한 무지갯빛을 정성스레 비추어주는 듯했다.[27]" 에머슨은 어느 이른 봄에 아무도 없는 목장을 가로지르다가 눈이 녹아 생긴 웅덩이를 밟았다. "딱히 행복한 일을 떠올리지도 않았는데 어느새 더할 나위 없이 기쁨을 느끼고 있었다.[28]"

프랑스 고답파의 선구자인 시인 르콩트 드 릴Leconte de Lisle은 6월을 이렇게 이야기했다.

"목장이 전해주는 푸르고 촉촉한 풀의 향기, (…)
잔디밭은 화음을 이루는 목소리들로 가득하도다.[29]"

한 세기 뒤, 봄이 일으키는 감정들을 끈질기게 분석한 존 쿠퍼 포이스는 5월의 목장에 핀 앵초 향기가 주는 강렬한 인상에 대해 상세히 이야기했다. 아직은 풀벌레들이 마구 뒤섞여 웅얼거리는 소리를 들을 수 없는 계절이었다.

"소머셋의 키 큰 앵초 향기는 수줍게 떨리는 듯하면서도, 기실 그 향은 처절하리만큼 강렬하다. 부드러운 꽃잎과 싱그러운 이파리, 건드리기만 해도 꺾일 것 같은 불그스름한 줄기에 달린 앵초꽃에는 그 존재 전체에서 향을 느끼게 하는 무언가가 있다. 다른 꽃들에도 향기를 내는 꽃잎이 있기는 하다. 그런데 앵초에게는 그 이상의 무언가가 더 있다. 그건 다름 아닌 이들이 발산하는 생명력 그 자체이다. 이 생명력이 공중을 떠다닌다.[30]"

쿠퍼 포이스는 훗날 풀밭에 있는 주인공의 입을 빌려 갑작스레 만난 봄비에 대해 이렇게 말했다. "이 비의 내음, 이 비의 맛, 이 비의 비밀, 여느 평범한 비와는 다르구나.[31]" 그런데 아니나 다를까 필립 자코테 역시 자신의 시 두 편, 〈5월의 목장〉과 〈5월〉에서 풀이 자란 곳에서 느껴지는 특별한 감정들을 이야기했다. 그는 봄을 "풀의 향연, 초원의 향연"이라 불렀다. 그래서 "목장은 훨씬 더 순수하고, 훨씬 더 소박한 모습으로 돌아온다. (…) 하지만 그 모습은 예사롭지 않다. 누가 뭐라고 해도 목장은 그 무엇보다 거룩함을 지닌 존재가 아닐까?" "땅 표면에 가까이 붙은 이 가냘프고 가벼운 수많은 것들, 이미 노랗게 변해 가는 초록과 선명하고 맑은 빨강, (…) 이것들이 빨강으로 엮은 공기 조각들이라면, (…) 풀과 개양귀비꽃이 내 발길과……, 내 삶을 스친다."

"5월의 목장을 마주한 순간 그 무엇보다 꽃들이 나의 시선을 사로잡았다. 그 순간 빨갛고 노랗고 파란 조각들로 이루어진 어떤 생각이 번득 떠오르며 이런저런 몽상과 뒤섞인다. 풀, 개양귀비, 땅, 수레국화 그리고 수많은 발자국들 사이의 이 발자국, 수많은 날들 사이의 이 날까지도.[32]"

모리스 알박스Maurice Halbwachs에 따르면[33] 들판이나 숲에 비해 목장은 그 소유주 혹은 관리자가 있는 경우가 많고, 소유주 혹은 관리자의 성격이 목장의 모습에 영향을 미치는 경향이 있다고 한다. 목장의 경험에 관해 상당히 예리하게 분석한 프랑시스

풍주와 필립 자코테가 이 부분을 언급하지 않았다는 점은 의외다. 나는 유년 시절과 젊은 시절을 보카주에 묻혀 지냈다. 그때 만난 목장은 그 목장만의 독특한 모습과 특징, 소유주 혹은 임차인(농장주)의 사회적 지위와 관련지어 정체성을 형성했다.

덧붙여서, 아주 좁은 보카주에서는 목장의 정체성과 목장에서 느껴지는 감정들이 울타리가 존재하는 것에서 비롯된 감정들과 그대로 이어졌다. 울타리 쳐진 전원을 보고 결코 잡목림이나 빽빽한 숲과 혼동할 일은 없다. 끝으로 이러한 보카주 형태와 같은 풍경들은 어떤 면에서는 목장과 아주 유사한 인상을 준다는 점에 주목하자. 하지만 보카주 특유의 불안정한 모습 때문에 이러한 인상이 희미해지는 경우가 많다.

목장이 자연의 일부라는 감정을 넘어선, 목장 그 자체를 향한 갈망은 끊임없이 회자되는 실존적이고 다감각적인 경험, 특히 천국에 온 듯한 봄의 경험에서 비롯된다. 목장을 관조하고, 발이 목장에 빠지는 듯한 느낌을 체험하며, 목장의 끈끈함과 냄새, 숨결, 호흡을 받아들이는 경험. 그리고 목장의 소리를 들어보며 때때로 목장의 침묵을 감상하는 일은 우리를 특별한 몽상에 빠져들게 한다. 필립 자코테는 이렇게 표현했다. "목장은 지면 가까이에서 죽음에 맞서 노래를 흥얼거린다. 목장은 바람과 대지를 이야기한다. 바람은 살아있으며 대지는 쉼 없이 호흡한다고 속삭인다.[34]"

제 4 장

초원,
그 무성한 풀의
풍요로움

초원, 그 무성한 풀의 풍요로움

중세 때부터 사용한 전문용어사전에 따르면 초원은 다양한 꽃들이 피어나고 무성한 풀로 뒤덮인 땅이다. 초원은 대체로 면적이 아주 넓으며 방목장 역할을 한다. 그러나 월동용 사료를 얻기 위해 초원을 정기적으로 벌초하기도 한다.[1] 프랑스에서는 초원이라 하면 기본적으로 면적이 넓고, 잔디와 꽃의 종이 풍부하며, 벌초 작업을 하기 전까지는 키 큰 풀들이 자라 있는 모습이 흔하다. 이러한 특징들이 주는 시각, 후각, 촉각적 메시지가 초원과 목장의 풀밭을 구분해준다.

폴 가덴은 초원의 풍성함을 뚜렷하게 표현했다. 한번 들어보자.《실로에》의 주인공 시몬이 발코니 앞에 펼쳐진 초원을 바라본다. "해질녘 빛을 받고 드러누웠을 때처럼 따스함이 느껴졌다. 초원은 포만감을 느끼고 있는 그 무엇처럼 느리고 평온하게 호흡하고 있다. 햇빛이 그 위를 감싸 안으며 꽃과 짐승뿐만 아니라 땅조차 기쁨으로 충만하게 한다. 이제는 (…) 온 세상에 서로를 만나러 온 단 두 개의 존재만 남았다. 사랑의 향기로부터 흘러나와 뒤섞인 천체와 초원이 장엄한 회합을 이루며 세상 어디에도 없을 행복을 불러낸다.[2]" 전날 밤 시몬은 초원을 바라보며 문득 이곳이 오래 전 자신이 어렸을 때부터 알던 곳이라 확신했다. 예전에도 이곳을 지금처럼 바라보았던 것이다.[3] 뒤쪽에 이런 문장도 나온다. 초원은 모든 것의 축소판이었다. 초원이 그 모든 것을 가득 메웠다. "하지만 이 똑같은 초원, 언뜻 보기에 모습이 똑같아 보이는 이 공간을 제대로 알려면 천천히 깨우쳐야만 한다. 그러기 위해서는 무수히 많은 날들이 필요하다. (…) 아무렴, 홀로 초원과 오랜 시간 마주앉아 있을 줄 알아야 한다. 그리고 깊은 곳을 의식하며 질문할 수도 있어야 하고, 밤에는 달빛 아래 누워 초원의 변화를 느껴볼 줄 알아야 한다.[4]" 폴 가덴이 제안한 이 방식은 날마다 "목장의 건축물" 짓기에 매달린 프랑시스 퐁주의 방식을 떠올리게 한다. 다만 프랑시스 퐁주의 소설에서는, 나중에 다시 살펴보겠지만 초원이 수수께끼 같은 여인인 아드리안이 등장하는 배경이 되기도 한다.

현대에는 도미니크 루이즈 펠레그랭Dominique-Louise Pélegrin이 초원의 본래적 의미가 가져다주는 여러 가지 느낌과 감정들을 정리했다. 초원은 "영혼이 잠시 쉴 수 있는 곳이요, 풀을 베다 가만히 생각에 잠기는 곳이며, 걸음을 잠시 쉬며, 파리를 쫓다가 구름을 바라보며", 또 다른 상상의 초원을 수없이 만들어낼 수 있는 공간이다.[5]

이번에는 르네 샤르가 "하루의 상자[6]"라고 형언한 초원의 뛰어난 매력에 대해 좀 더 자세히 알아보자. 초원은 제라드 드 네르발Gérard de Nerval이 아침에 창문을 열 때마다 황홀하게 마주하는 푸른 지평선이다.[7] 광활한 넓이 덕분에 초원을 한없이 감상할 수 있다. 광활함이란 무엇보다 유용한 눈요깃거리가 된다.

기원후 2세기, 소小 플리니우스Pline는 친구인 아폴리네르Apollinaire에게 자신이 소유한 토스카나Toscana를 자랑했다. 그곳은 아펜니노 산맥 남쪽의 광활한 평야에 위치한 지방이었다. 이미 언급한 저자들처럼 플리니우스 또한 목장을 찬양하는 일부터 시작했다. "꽃들이 수놓인 목장에는 토끼풀을 비롯한 여러 종류의 풀들이 자란다. 마치 새싹처럼 그저 부드럽고 수액으로 가득 찬 풀들이다. 목장은 자신에게 물을 주는, 결코 마르지 않는 풍요로운 개울물을 끌어당긴다."

이런 말도 덧붙였다. "집 옆에는 자연미를 뽐내는 (…) 초원이 있다." 회랑 끝에는 식사를 하는 공간이 있는데, 이곳의 창들은

"초원과 그 뒤로 펼쳐진 평야 쪽으로 나있다.[8]" 이처럼 플리니우스는 토스카나에 있는 자기 집에 대한 찬가에서 목장과 초원을 특별하게 다룬다. 바라보는 즐거움은 물론이요, 이전 세기의 시인들이 **로쿠스 아모이누스**locus amoenus, 지상낙원라고 표현한 곳을 압도하는 공간이 주는 환희를 찬양했다.

르네상스 시대의 사람들이 이러한 즐거움을 다시금 찾아내었다. 롱사르를 비롯한 여러 동시대의 시인들이 초원들을 떠돌아다녔는데, 그는 1554년에 이러한 행위를 "전원적 쾌락"이라 이름 붙였다. 특히 롱사르는 파리에 흑사병이 돌 때 이를 경험했다.

"아침부터 (…)
나는 미친 듯이 들판으로 달려 나가
한껏 숨을 들이마시며 아름다운 초원을 바라보네.[9]"

18세기 초, 발랑탱 자므레 뒤발은 어린 시절 여행을 떠났다가 어느 날 황홀한 경험을 하게 된다. 그는 아주 높은 둑을 따라가다가 양쪽으로 끝없이 펼쳐진 세상에서 가장 아름답고 멋진 초원과 마주한다. "초원 여기저기에 개울이 흐르고 있었다. (…) 이러한 풍경들 중에서도 나를 가장 매료시킨 것은 갈대와 글라디올러스로 이루어진 숲이었다. 이 숲은 습지를 둘러싸고 있었다. (…) 바람이 갈대를 흔들 때의 소리와 그곳에 둥지를 튼 새들의 지저귐이 '지극히 생기 있고 마음 깊이 스며드는 기쁨'을 일으켰다. 이 감정을 어찌 말로 표현할 수 있을까." 발랑탱은 행복한 시간을 보낸 뒤 떠나며 이렇게 덧붙인다. "나는 온종일 초원 여기저기를 산책하고 시냇물을 따라 가며 말없이 작별 인사를 고했다.[10]" 자므레 뒤발이 나이가 들어 고백한 소싯적 이야기 속에는 여러 가지 감정의 기억에 관한 과장된 표현들이 주를 이룬다. 초원과 마주했을 때 마음을 금세 빼앗겼던 영혼의 흔적들이 그 뒤로도 그를 미소 짓게 만들었기 때문이다.

19세기 초엽, 윌리엄 길핀William Gilpin은 픽처레스크론論*을 내세우며 완전히 다른 관점에서 초원을 평가했다. 그는 초원이 그림 속에 쉽게 녹아들어 다양한 그림을 완성하는 데 일조한다고 했다. 초원은 모든 푸른 언덕과 마찬가지로 사람들의 시선을 끈다. 그리고 그 시선을 따라 풍경이 펼쳐진다. 초원은 다채로운 빛깔과 물결치는 일렁임으로 시선을 즐겁게 한다. 반면 길핀은 울타리 친 밀밭은 싫어했다.[11]

이번에는 프랑스로 가보자. 낭만주의 시대에 모리스 드 게랭은 초원과 같은 공간에서 느껴지는 감정들을 자기 나름의 방식

---

* 윌리엄 길핀은 그의 글 《와이 강과 남웨일스 지방의 관찰기》에서 '그림 같은' 혹은 '그림이 될 만한'으로 해석될 수 있는 픽처레스크라는 말을 사용했다.

으로 이야기했다. 그는 "고개 숙인 풀 더미 위를 미끄러져 굽이치는 초원의 몸짓[12]"을 여러 차례 찬양했다. 그 몸짓을 자신의 영혼과 동일시했기 때문이다.

라마르틴은 시 《조슬랭》에서 "매정한 독수리들이" 은신처로 사용한, 사실 초원을 의미하는 "환희의 작은 골짜기"를 찬양하며 일련의 연상 작용을 일으키는 시구들을 늘어놓았다. 다음 구절은 "홀로인 바람이 깊게 패인 푸른 자국을 남긴" 잔디밭을 향한 한없는 찬가라 할 수 있다.

"부드러운 산들바람 일렁이는 물결 타고 들판의 풀들은 몸을 뒹굴고,
조심스레 즈려 밟는 걸음걸음을 따라 형형색색 향기가 피어오르네.
(…)
꽃이 핀 언덕 위로 시냇물이 흐르고
물가의 우윳빛 포말은 푸르른 초원의 품속에서 아련히 사라지네.[13]
(…)"

시가 다소 맥없이 느껴지지만 그래도 간결하게 비유하여 초원이 지닌 힘을 보여준다.

중세 시대부터 사람들은 초원이라 하면 우선 그곳 여기저기에 핀 꽃들부터 떠올렸다. 초원은 알록달록하다. 특별히 의미 있는 작품들을 몇 개 골라 살펴보며 이러한 특성이 어떤 감정을 불러일으키는지 자세히 알아보자.

마르셀 프루스트는 《장 상퇴유》와 《스완네 집 쪽으로》에서 초원에 핀 꽃들을 향한 찬가들을 지어 불렀다. 특히 노란앵초, 앵초, 개양귀비, 제비꽃, 미나리아재비를 향한 찬가들이었다. 프루스트는 이러한 꽃들이 유독 만발한 어느 초원을 언급하며 이 작은 꽃들이 일으키는 감정들을 분석했다. "달걀 노른자처럼 샛노랗게 반짝이는 꽃들이 풀밭 위에서 혼자, 짝지어 혹은 무리지어 놀고 있는 모습을 바라보면 다른 어떤 곳도 쳐다보고 싶다는 생각이 들지 않는다. 꽃들을 바라볼 때 드는 즐거움을 그들이 금빛으로 물들인 지면에 차곡차곡 쌓다 보면 너무 과한 아름다움까지 만들어낸다고 느껴질 정도로 그 느낌이 강렬해진다. 어쩌면 이 기쁨은 내가 아주 어렸을 때, 전래 동화 속 왕자님들의 멋진 이름을 제대로 읽지 못했던 그 시절, 아주 오래 전 아시아에서 건너와 이곳 마을에서 조촐한 지평선에 만족하며 영원히 살아가게 된 이 꽃들에 손을 뻗었던 그 순간부터 시작되었는지도 모른다.[14]"

다시 말하지만 알록달록한 초원은 풀로 빽빽하게 뒤덮여 있을 때가 많다. 바로 이 점이 빅토르 위고의 시선을 끌었다. 그는 1837년, 부인 아델에게 보낸 편지에서 솜므 강가는 플랑드르파派*가 그린 작은 그림들이 모여 완성된 작품과 다름없다고 썼다. 물이 넘칠 듯 풍부하게 흐르고, "풀로 빽빽하고 아담한 초원에는 생각에 잠긴 듯한 소들이 띄엄띄엄 눈에 띄는구려.[15]" 1839년에는 《라인 강》에서 디낭Dinant을 지나자 넓은 뫼즈 강이 나타났다고 했다. "꽃이 수놓인 초록 벨벳이 풍경을 온통 뒤덮었다." 그리고 위이Huy를 지나자 "눈앞에 생기 넘치는 초원들이 끝없이 이어졌다.[16]"

필립 자코테는 초원의 다채로운 푸르름을 바라볼 때 느껴지는 환희를 장황하게 표현했다. 그는 어느 해 여름, 병상에 누워 있는 위독한 친구를 만나러 간 적이 있었는데, 이때 꽃으로 뒤덮인 초원을 지나며 며칠간 마음에 일었던 놀라움에 대해 의문을 표했다. 처음에는 이 감정들이 단순히 그날 자신의 눈앞에 펼쳐진 파랗고 노랗고 하얀 꽃들을 보고 감격한 마음에서 비롯된 것이라 생각했다고 한다. 하지만 그는 이내 평소 자기 모습에 비추어, 자신이 "이런 식으로 마음 속 깊이 환희를 느꼈다"는 사실이 잘 이해가 되지 않았다. 그래서 좀 더 깊이 생각해보기로 했다. 그는 푸른 빛깔의 치커리를 보고 이렇게 썼다. "치커리는 초원에서 흐릿한 하늘을 이루고 있었다. 밤새 이슬과 풀밭의

---

* 15~17세기경 플랑드르의 브뤼헤, 겐트 같은 도시에서 활동한 예술가들을 의미한다.

공기 조각들을 기쁘게 해주었겠지." 한편, "그 안에 뒤섞인 노란색"은 연노랑이었다. "매우 흐릿하고 눈에 보일 듯 말 듯한, 눈에 띄는 배경도 깊이도 없이 그저 흐릿하고 소박했다." 흰색 역시 "보잘 것 없을 정도로 미미했다." 필립 자코테는 자신이 이끌어 낸 주관적 사실의 모순성에 또 다시 의문을 제기한다. "초원에 핀 이 꽃들이 내게서 달아나, 잠시 지금 이 세상과는 또 다른 세상의 주인공처럼 보였던 걸까? 페르세포네가 꽃밭을 거닐다 납치되어 간 또 다른 세계처럼 말이다.[17]"

바라보기만 해서는 모를 일이다. 어림도 없다. 가끔은 환희의 원천인 **초원 코스**를 직접 둘러보며 스스로 느껴보아야 한다. 이러한 느낌을 추억 속에 간직한 사람들이 말하는 야생적 기쁨을 겪어 봐야 한다. 초원에서는 목장과는 달리 오랫동안 맴돌거나 혹은 가로질러 걸을 수 있다. 19세기에 드니즈 르 당텍이 "풍만한 풀"에서의 산책에 관해 형언한 내용과 일치한다. 풍만한 풀은 바람의 강약, 초록빛 물결과 넓은 풀밭 위로 내리는 빗물이 연출하는 모습을 느낄 수 있게 해준다. 그 밑바탕에 풀밭을 오랫동안 걷고 밟고 가로질러 달리며 무엇이 있는지 안쪽 깊숙한 곳까지 찾아보고 싶은 욕구가 자리 잡고 있다. 요컨대 몸을 움직여 풀에 관한 모든 것을 느끼고자 하는 욕구 말이다. 풀밭을 오랫동안 걷고 싶은 마음과 풀을 마구 밟을 때 느끼는 기쁨은 구분할 필요가 있다.

플로베르가 크로종 Crozon 마을 주변의 들판과 모래톱을 지나가면서 이렇게 외쳤다. "자, 가자! 하늘은 푸르고 햇빛은 눈부시니 풀밭을 걷고 싶은 욕구가 발끝에서 절로 일어나네.[18]" 윌리엄 해즐릿 William Hazlitt 은 1822년에 "머리 위로 펼쳐진 파란 하늘과 발 아래 펼쳐진 초록 풀이 (그에게) 주는" 기쁨에 대해 썼다. "나는 웃고, 달리고, 날뛰고, 기쁨의 노래를 부른다.[19]" 욕망에 대한 언급은 실제로 억누를 수 없는 쾌락에 대한 이야기로 바뀔 때가 많다. 모리스 드 게랭은 1832년에 자신이 풀을 밟으며 느낀 감정을 묘사했다.

"내가 지나는 길과

내가 마시는 샘물, 내가 앉는 벤치,

발로 밟는 잔디가 참으로 좋구나.

이 모든 것이 내 마음속에 저만의 자리를 차지하네.[20]"

프로망탱은 자전적 소설 《도미니크》에서 더욱 분명하게 이야기했다. 4월 말 어느 날, 도미니크는 꽃이 만발하여 마치 드넓은 정원을 떠올리게 하는 초원을 돌아다닌다. 눈부신 햇살 속에 종달새들이 지저귀고, 풀벌레들이 무성한 풀밭 위를 이리저리 기웃거리는 곳이다. "빠르게 걷고 있던 나는 어느새 풍성한 햇살과 새싹들이 풍기는 내음, 봄의 생기 있는 흐름에 이끌려 풍경

속으로 스며들었다. 나는 아주 부드러우면서도 아주 강렬한 느낌을 동시에 받았다. 눈물이 날 정도로 감격스러웠지만 우울감도 일말의 연민의 감정도 없었다. 그저 걷고 싶은 마음만 따랐다." 도미니크는 산책에서 돌아와 "특별한 감정들로 채워진" 느낌이 들었노라고 기록했다.[21]

빅토르 위고는 그가 쓴 여러 기행문에도 나와 있듯이 초원을 자주 산책했다. 그는 도보 여행과 산책을 하면서 종종 "어느새 환상에 빠지곤" 했다. 이때 "이슬이 풀잎 끝에서 떨리고[22]", 새가 지저귀며 햇살이 환하게 비추기만 하면 기쁨이 보장된다고 하였다.

같은 시기에 미국의 헨리 데이비드 소로는 "걷기"라는 제목으로 강연을 하면서 이렇게 주장했다. "사람이 건강하려면, 농사짓는 땅에 퇴비가 필요하듯 바라보고 살 수 있는 초원이 필요하다. 삶의 에너지를 끌어내는 영양분들이 바로 거기에 있다." 그는 이 강연을 하면서 자신의 추억을 하나 꺼내놓았다. "풀잎과 낙엽을 금빛으로 물들인 투명하고 환하게 반짝이는 빛 속을 걸었다. 기분 좋게 잔잔히 반짝이는 빛을 받고 있으니, 세상 그 누구도 이토록 눈부신 금빛 물결에 몸을 담근 적은 없었을 거라는 생각이 들었다.[23]"

영국에서는 엘리자베스 여왕 시대가 시작되면서 특히 매년 5월 1일에 초원을 산책하는 일이 관례가 되었다. 이러한 산책의 목적은 세상의 부패와 맞서는 데 있었다. 19세기 초에 나온 소설 작품들을 살펴보면 이처럼 산책하는 모습이 여러 번 등장한다.

키가 무릎까지 오는 풀밭을 거닐면 특별한 감정들을 느끼게 된다. 이폴리트 텐Hippolyte Taine과 그 뒤에, 폴 가덴이 대표적으로 이러한 감정들을 언급했다. 영국 소설가 엘리자베스 굿지Elizabeth Goudge도 이러한 감정들을 역설했다. 그녀의 작품은 당대 큰 인기를 누렸지만 오늘날에는 거의 회자되지 않는다. 풀에 관한 소설인 《젠션 언덕》의 여주인공 스텔라는 고대의 **로쿠스 아모이누스**를 재현한 듯한 아름다움을 뽐내는 초원을 산책한다. 그러다가 "데이지 꽃이 피어 있는 무릎 높이까지 오는 풀밭에 빠진다. 그녀는 이파리와 꽃처럼 살랑거리는 몸짓을 하며 자신의 영혼의 목소리가 해맑게 고조되는 소리를 들었다. 그녀의 입술은 꾹 다문 상태였지만 이 감미로운 선율은 그녀의 맥박에 리듬을 맞추었다.[24]" 또한 엘리제 르클뤼는 특별한 기쁨을 진술했다. 갓 풀을 베어낸 듯 향기가 진동하고, 꽃들이 알록달록 만발한 초원을 가로질러 걷는 기쁨 말이다.[25]

초원의 풀과 접촉하는 데서 오는 즐거움은 언급하거나 상상하기만 해도 당장 초원으로 달려가고 싶은 마음이 들게 할 때가 있다. 릴케는 이러한 즐거움 안에서 "성스러운 봄"을 찬양하는 법을 알아냈다. "수줍어하며 작은 맨발을 살살 간지럽히는 파릇

파릇한 초원을 난생처음 가로질러 달리며, 갈지자를 크게 그리며 달아나 (…) 한없이 펼쳐진 창백한 푸른빛 하늘에 숨어버린 나비들을 깡충거리며 쫓아가는 생애 첫 경험이란 얼마나 황홀한가.[26]"

초원을 달리는 즐거움을 찬양한 소설가들은 아주 많다. 그중 이러한 즐거움을 자세히 표현해 놓은 작품 두 개만 골라 살펴보려 한다. 외젠 쉬Eugène Sue의 《파리의 비밀》에서 주요한 역할을 맡은 플뢰르 드 마리 아가씨는 마차를 타고 파리를 빠져나가는 길에 생 투앵 부근에서 풀밭을 발견하고는 이렇게 외친다.

"아! 저 초원 위를 달려봤으면…….
- 그럼 해보자꾸나. 로돌프 씨가 말했다, 마차를 멈추게!
- 예? 로돌프 씨도요?
- 그래……, 재밌겠구나. (…)"

"그렇게 로돌프와 길거리 여가수(플뢰르 드 마리)는 손을 맞잡고 갓 베어낸 자리에 풀들이 더디게 다시 자란 드넓은 초원을 숨이 차도록 달렸다. 플뢰르 드 마리가 초원을 이리저리 뛰어다니며 황홀해하는 모습은 말로 표현하기 어려울 정도로 예뻤다. (…) 그녀는 잠시 멍하니 서서 숨을 깊게 들이마셨다. 그러고는 흥분을 감추지 못한 채 이리저리 왔다 갔다 하더니 잠시 멈췄다가는 이

내 다시 움직였다. 길거리 여가수는 수많은 데이지 다발과 첫 서리를 피한 몇몇 미나리아재비를 보고는 또 다시 터져 나오는 기쁨의 탄성을 참을 수가 없었다.[27]"

나머지 하나는 에밀 졸라의 《무레 사제의 과오》에 나오는 장면이다. 졸라는 이 장면에서 초원의 풀밭에 파묻히는 즐거움을 감동적으로 묘사해놓았다. 이 부분은 소설의 클라이맥스에 해당하는 에로틱한 장면에 앞서 나온다. 파라두 근처에서 알빈과 세르주가 "막 초원에 들어섰다. 그들 눈앞에 드넓은 풀밭 자락이 끝없이 펼쳐졌다. 잔잔한 풀밭은 꼭 벨벳으로 만든 작품 같았다. 짙은 초록빛은 멀어질수록 차츰 옅어지다가 지평선 근처에 넓게 퍼진 햇빛 아래에서 샛노란빛으로 물들었다. (…) 공중에 흩날리는 가루들이 잔디의 끝부분을 더욱 선명하게 보여주는가 하면, 인적이 드문 이곳에 간간이 바람이 불어오면 식물들이 서로를 어루만지며 몸을 떨고 풀밭을 일렁이게 했다. (…)"
"알빈과 세르주가 초원의 한복판으로 걸어갔다. 푸른 잔디가 무릎 높이까지 스쳤다. 마치 무릎 높이의 차가운 물속을 걸어 들어가는 것 같았다. 가끔 키 큰 줄기들이 굽어져 풍성하게 흘러내리는 진짜 물이 흐르는 곳을 지날 때면, 다리 사이로 물이 새어나가는 소리가 들렸다. (…)"
세르주가 과오를 저지르고 후회하는 순간이 오자, 알빈이 그녀에게 함께 산책했던 순간들을 상기시킨다. 두 사람이 함께 했던 놀라운 경험을 말이다. "아, 초원에 난 오솔길……! 세르주, 당신은 그때 함께 했던 추억이 떠오르지 않는 건가요? 가느다란 풀이 나 있던 오솔길, 푸르고 넓은 연못들 사이로 이어지던 그 오솔길을 잊었다고요?" "끝없이 펼쳐진 푸른 잔디가 비단처럼 부드러웠잖소! (…) 꼭 초록빛 바다 같다고, 이끼 낀 바닷물이 우리 몸을 흔드는 것 같다고 하지 않았소." 세르주는 기억해냈다. "끊임없이 움직이는 풀들의 물결 속으로 사라질 수 있도록 풀들이 그들보다 키가 더 컸으면 좋겠다고 했던 것을.[28] (…)"

하루 중 어느 때에 바라보느냐에 따라 초원의 각기 다른 진면목을 마주할 수 있다. 지평선까지 이어진 푸르름과 울긋불긋함은 밤이 되면 이내 그 빛을 잃고 만다. 모리스 바레스Maurice Barrès는 《고취된 언덕》에서 초원들이 잠 든 모습을 "온화하면서도 강인하고 무뚝뚝하다"고 썼다. 초원의 풀빛이 희미해지다 못해 어두워지면, 빅토르 위고의 유명한 표현처럼, 그곳은 유령들로 가득 찬 것 같은 분위기를 자아낸다.

필립 자코테가 밤중에 풀을 마주했을 때 느낀 감정들은 앞서 이미 언급했다. 한편 그 다음 날 해질녘, 그가 산책하려고 생각한 초원들이 특별히 일으키는 감정들에 대해 써놓은 구절도 있다. 그때 초원들은 "거의 검은색에 가까운 짙은 초록빛"을 띠고 있었다. 그는 "우리들 각자의 삶이 지닌 어떤 비밀을 꺼내 놓게 만드는 풀의 장소에 있는 것처럼" 멍하니 있었다. 그러다가 필립 자코테는 이러한 감정이 어디에서 온 것인지를 자문한다. "나에게 들릴 듯 말 듯 말을 걸고, 건네는 말들이 어딘지 모르게 모호하면서도 한편으론 나를 무한히 안심시키는 이 캄캄한 장소는 허상이었던 걸까? 이곳 아래로 땅이 갈라지고 깊이 파이더니 나를 오래된 어떤 것들로 데려가 두꺼운 시간 층을 가로지르도록 하는 것 같아서 (…) 눈을 뗄 수가 없었다.[29]" 이번에도 또 다시 무의지적 기억과 만나게 된 것이다.

한편 19세기 전반에는 미국 서부의 초원이 작가들의 시선을 사로잡는다. 대초원은 당시 미국에서 문학 및 역사 속 등장인물로서 역할을 했고, 그 뒤 영화를 통해 사람들에게 친숙해진 그레이트플레인스Great Plains*가 그 역할을 이어받았다.[30]

조나단 카버Jonathan Carver의 작품에, 맨 처음은 아닐 수도 있겠지만 아마도 최초일, 개척자들의 침략 이전의 초원에 대한 정교한 묘사가 등장한다.[31] 이 작품은 1763년 10월에 나왔다. 한편, 페니모어 쿠퍼Fenimore Cooper의 《대평원》이라는 제목의 소설에서는 아예 초원이 주인공으로 나온다. 1827년에 나온 이 작품은 단기간에 유럽에 번역서로 출간되었고, 특히 프랑스에서 큰 인기를 누렸다.

---

* 북아메리카 대륙 중앙에 남북으로 길게 뻗어 있는 고원 모양의 대평원이다.

이 작품에는 19세기 중엽 파괴되기 이전의 대초원의 모습이 나온다. 페니모어 쿠퍼는 마치 "끝없이 펼쳐진 사막"처럼, 때론 "대양에 무한히 펼쳐진 바다"와 같이 일렁이는 초원의 풀들을 묘사했다. "그들이 남긴 철저한 적막과 정적에서 오는 장엄함"을 표현했다.

언뜻 보기에 한결같아 보이는 이러한 "푸르른 초원들"은 사실 다양한 종류의 풀들이 모여 이루어낸 곳이다. 이곳의 목초들은 움푹 팬 지형에 높게 자라 있다. 이곳을 찾은 사람은 두터운 장막을 이루고 있는 목초들 덕분에 이런저런 시선에서 벗어날 수 있다. 위험이 닥치면 고개를 처박고 몸을 숨길 수 있다. "아메리카 인디언"들은 발소리 말고는 어떤 소리도 울리지 않는 두텁고도 고요한 목초 아래를 기어갈 수 있다. 한편 이 목초밭에는 깃털 침대만큼이나 푹신한 층도 있다.

주기적으로 큰불이 일어 초원이 요란한 불바다가 되기도 한다. 페니모어 쿠퍼의 소설 속 주인공인 모피 사냥꾼은 이렇게 단언한다. "**불길이 퍼지는데** 여기 계속 머물러 있다가는 양봉장에서 연기에 쫓겨 흩어지는 벌 떼 꼴이 되겠군요. (…) 벌써 불꽃 소리가 들릴 텐데요. 제가 겪어본 바로는 초원에선 다 자란 풀에 일단 불이 제대로 붙으면 웬만큼 튼튼한 다리로도 불이 퍼지는 속도보다 더 빨리 달리기 힘듭니다." 모피 사냥꾼은 사실상 그만큼 빨리 달릴 수 없다는 말도 덧붙였다.

대초원의 푸른 일렁임은 숲의 모든 공세를 제쳐낸다. 큰 열매를 단 참나무가 마치 보초를 서듯 늠름하게 서 있는 곳에 이르러서야 그 일렁임이 멈춘다. 갖가지 새들과 들소 떼가 초원을 가득 채운다. 이곳에 사는 사람들은 대평원의 부족들과는 다른 공동체를 이룬다. 그중 델라웨어 부족과 포네스 부족은 매우 용맹한 전사들로, 부족을 위해 스스로 목숨을 바치면 "신의 축복을 받은 초원[32]"에 이르게 된다고 믿었다.

대초원은 역사의 뒤안길로 사라졌다. 19세기 중엽부터 대초원이 파괴되기 시작했다. 대초원을 지키고자 하는 싸움에서 패배한 뒤로, 환경 보전 운동의 선구자인 존 뮤어John Muir와 그 뒤를 이은 알도 레오폴드Aldo Leopold와 같은 사람들이 대초원에 대한 향수를 앓았다. 20세기 전반기에 위스콘신Wisconsin에 정착해 생활한 알도 레오폴드는 대초원의 흔적을 오랜 시간 동안 적극적으로 찾아다녔다. 그는 대초원이 사라진 과정을 깊이 연구하고 분석했다.

인디언 추방 전쟁 동안 들소는 마구잡이로 죽임을 당했고, 대초원은 농장과 울타리로 뒤덮였다. 더욱 심각한 것은 바로 대초원의 땅을 유럽에서부터 뉴저지와 뉴욕을 거쳐 건너온 "잡초"들이 장악한 일이었다. 대표적인 잡초는 참새귀리였다. 알도 레오폴드는 이 풀에 얄미운 감정을 실어 그 모습을 상세히 묘사했다. 참새귀리는 "빽빽하게 자라며 줄기마다 노랗고 불이 쉽게 붙는 뻣뻣한 수염 같은 이삭[33]"이 달려 있다. 들소를 비롯한 소과 동물들이 뜯어먹을 수 없는 풀이다.

더불어 대초원에 더 이상 불을 놓을 수 없었다. 불은 아주 오래 전부터 대초원이 숲이 되지 못하도록 막아준 우군이었다. 그런데 1850년대와 1860년대에 불을 내는 일이 금지되었다. 당시 어렸던 존 뮤어는 숲이 우후죽순으로 생기며 자신이 살던 마케트 마을에 오래전부터 있었던 초원을 뒤덮는 모습을 보았다.[34] 불과 몇 년 만에 초원의 잔디와 큰 열매가 달린 참나무를 비롯해 작고 희귀한 여러 식물 종까지도 모조리 자취를 감추고 말았다. 대표적인 종으로 알도 레오폴드가 묘사한 양구슬냉이가 있다. 색깔은 "순백색"에, "너무 작아서" 아무도 먹지 않는 풀이다. "이 풀을 노래한 (…) 시인이 아무도 없을 만큼 작고 작은 존재이다―그저 자신이 해야 하는 소소한 일을 묵묵히 하는 미약한 생물에 지나지 않는다."

당시 대초원의 흔적을 보존하려는 운동이 일어났다. 알도 레오폴드는 우선 자기 자신이 뉴멕시코New Mexico 최초의 "야생식물 보호구역" 담당자가 되었으며, 이후 위스콘신에서 지내는 수년 동안 꾸준한 활동을 이어갔다. 매해 7월마다 특정한 날을 정해 잃어버린 대초원을 기리기도 했다. 그러던 어느 날 위스콘신의 작은 묘지 가운데 야생식물의 흔적이 아주 작게 남아 있는 곳에서, 예전에 이 지역의 수백 헥타르를 뒤덮었던 풀인 실피움

한 포기가 밑동만 겨우 남아 있는 모습을 발견했다. 알도 레오폴드는 이 피할 수 없는 죽음을 "초원 시대의 종말"이 상세하게 기록된 역사책이 절판된 듯 슬퍼하고, 또한 이 소멸을 "자생 야생식물이 치르는 장례식"의 마지막 장면을 본 것처럼 서글퍼 했다. 이 광활한 아메리카 대륙에서 "식물의 유산이 역사의 흐름을 이끌었다.[35]"

이 책의 에필로그에서 이러한 향수가 야생식물을 향한 애정과 야생식물의 보호 및 복원을 향한 열정을 얼마나 크게 불러일으켰는지 다시 한 번 나온다. 무엇이 어떤 과정을 통해 대초원을 파괴하였는지, 그리고 그 밑바탕에 깔린 욕망들은 무엇인지도 설명한다.

제 5 장

풀,
잠깐의 은신처

풀,
잠깐의 은신처

르네 샤르는 풀을 잠깐의 은신처이자 "은둔의 안락의자[1]"라 했다. 풀은 지친 이에게 휴식을 권하며, "우리의 지친 몸을 자신의 관능적인 묵직함 안으로 맞이한다.[2]" 프랑시스 퐁주는 풀을 "깨끗하고 푸르고 싱그러운 풀. 이미 완벽하게 준비된 침대. 침대. 잠자리[3]"라고 표현하는가 하면, 드니즈 르 당텍은 이보다 더 강렬하게, "들판과 초원을 수놓은 싱그러운 풀은 (꽃의 여신) 플로라의 침대이다. 정말로 잠을 자는 곳은 아니지만 그곳에 내 몸을 맡기면 어느새 졸음에 빠져들게 된다[4]"라고 묘사했다.

풀밭에 앉거나 눕는 일은 세월이 흘러도 찬양을 멈출 수 없는 즐거움이자, 혹은 반드시 취해야 할 휴식의 방법이다. 기원전 1세기에 루크레티우스는 태초의 인간들과 그들의 즐거움에 대해 상상했다.

> "그래서 그들은 함께 부드러운 풀밭, 냇물 가까이, 높직한 나무의 그늘 아래 몸을 눕혀, 큰 비용을 들이지 않고 몸을 즐겁게 하곤 했다. 특히 날씨가 온화하고, 푸르른 풀들이 꽃들로 물든 계절이면. 때로는 격 없는 농담이, 때로는 진중한 대화가, 때로는 달콤한 웃음소리가 피어오르곤 했다.[5] (…)"

창세기에는 창조 이후 인간이 깨어난 때를 언급하는 부분이 나온다. 존 밀턴과 (프랑스의 박물학자) 뷔퐁Buffon이 보다 상세히 그려낸 이 장면에는 아담이 풀밭에 가서 처음으로 느낀 감정들이 담겨 있다.[6]

앉아서든 누워서든지 간에 풀밭에서 휴식을 취하는 장면은 테오크리토스Theocritos 때부터 기원전 4세기 및 3세기에 이르기까지 "지상 낙원(**로쿠스 아모이누스**)"을 묘사할 때 꼭 등장한다. 베르길리우스의 제3전원시에도 이 장면이 나온다.

> 팔라이몬 신이 말한다.
> "노래를 불러라!

풀,
잠깐의 은신처

부드러운 풀밭에 앉은 우리 앞에

초록빛을 내뿜는 들판이 펼쳐져 있으니."

메날카스는 제5전원시에서 이렇게 묻는다.

"어째서 (…) 이 느릅나무들 사이에 있는 풀밭에 앉지 않는가?"

또한 시의 뒷부분에선 죽은 다프니스를 떠올리며 이렇게 말한다.

"오! 시의 여신이여, 당신의 시는 피곤에 절어 풀밭에 누운 사람에게 오는 달콤한 잠처럼 감미롭기만 합니다."

코리돈 역시 이러한 사실을 인정하며, "달콤한 잠보다 감미롭고 부드러운 풀[7]"을 찬양한다.

베르길리우스가 《게오르기카》에서 그려낸 동물들도 마찬가지였다. 동물들은 결코 근심 걱정으로 잠을 깰 일이 없는 잔디 침대에서 잠을 청한다.

우리는 플라톤이 《파이드로스》에서 이야기한 소크라테스의 기쁨을 자주 인용한다. 소크라테스는 아테네에서 나오면서 일리소스 강가의 비탈진 잔디밭에 자란 아름드리나무를 발견하고

095

기뻐했다. 그 나무 그늘 아래 앉아 자신의 제자들에게 장광설을 펼치면 그지없이 좋을 것 같았다. 고대 그리스에서는 최초의 철학학원이라 할 수 있는 아카데미아를 야외에 세워 풀밭에서 앉아 공부했다. 당연히 푸른 잔디에 앉으면 친구들뿐만 아니라 스승과 제자 사이에도 자연스레 토론이 이루어지기 마련이다.[8]

중세 과수원 한가운데에 자리 잡은 작은 초원을 의미하는 프라엘 prael은 사람들이 앉아서 편안히 풍경을 감상할 수 있는 기다란 잔디 의자로 둘러싸인 일종의 잔디밭 pelouse이다. 14세기에 기욤 드 로리 Guillaume de Lorris가 이 장소를 묘사했다. "맑고 신선한 샘물가에 가느다란 풀이 빽빽이 자란 풀밭이 있었다. 곱고 부드러운 흙으로 된 그곳에서 침대에 누운 듯 연인과 사랑을 나눌 수 있었다.[9]"

이번에는 전원 문학과 풀을 연관 지어 자세히 살펴보려 한다. 우선 사나자로 Sannazaro가 쓴 시 《아르카디아》의 제5목가부터 들여다보자. 작가는 이 작품에서 언덕배기에 도착한 목동들이 하는 이야기들을 풀어냈다. "해가 그리 높이 뜨지 않은 때에 우리는 이리저리 푸른 풀밭에 앉았네." 제7목가에서는 목동 신세로가 풀밭에 머무르는 일이 아주 유익하다고 이야기하는 대목이 나온다. "고통스럽고 우울한 생각들을 멀리하라, (…) 이곳 들판에서 명백한 기쁨을 찾고 싶으니/ 부드러운 풀밭에 누워 달콤한 잠을 맛보며.[10]"

롱사르가 16세기에 잔디밭에 앉거나 눕는 즐거움을 작품 속에서 거듭 찬양한 부분도 살펴보자. 그는 궁정의 앞뜰에 나가는 것보다 더 좋은 것이 무엇이었는지를 고백했다.

> "알록달록한 빛깔로 물든 아름다운 초원을 바라보고,
> 나지막이 졸졸거리는 시냇물 소리를 들으며
> 새파란 잔디 위에 누워 잠드는 것이 더 좋구나."

종달새의 지저귐에 대한 찬가에서는 이런 대목이 나온다.

> "짧고 가는 잔디 위에 누워 있는데,
> 저쪽에서 들려오는 너의 노랫소리 (…)"

또한 롱사르는 제9오드집에서 벨르리 샘물에 대해 노래한다.

> "나는 여름이면 너의 풀 위에
> 잠들거나 쉬어 가며, 시를 쓰네.[11]"

물론 이런 내용들이 실제적인 경험을 바탕으로 쓰였다는 직접적인 증거는 없지만, 이런 장면들이 나온 데에는 단순한 시적 상상력을 넘어서서 분명히 어느 정도 실제의 모습이 반영되

었을 것이다. 낭만파 시인들의 작품에 단골로 등장한 이 주제에 대해 다시 살펴보자.

19세기 초엽, 노발리스Novalis의 《하인리히 폰 오프터딩엔》에서 주인공 하인리히는 꿈속에서 자신의 마음을 사로잡은 "푸른 꽃"을 찾아 나선다. 푸른 꽃을 본 그는 깨어난 뒤에도 황홀경에 빠져 있다. 그때 "그는 마치 다 말라버릴 것처럼 끊임없이 위로 솟아오르는 샘물가 여린 잔디 위에 누워 있었다.[12]"

이번에는 풀밭에서 휴식을 취하는 방식이 묘사된 작품들을 시대별로 자세히 살펴보자. 가장 눈에 띄는 것은 바로 15세기 말 그림이나 판화 작품에 수도 없이 등장한 **풀 벤치**이다. 마르틴 숀가우어Martin Schongauer는 장미 (정원) 울타리 안에 놓인 풀로 된 벤치에 앉은 "아기예수를 안은 성모"를 표현했다.

〈메뚜기를 쫓는 성 가족〉(1495년 경)에서도 잔디 벤치에 앉은 인물들이 등장한다. 또한 목신의 공격을 받은 여인을 주제로 한 판화 작품 〈사나운 자〉에서도 비슷한 모습의 벤치를 찾아볼 수 있다. 끝으로 〈산토끼 세 마리를 쫓는 성 가족〉(1497년)에서도 성모가 풀로 이루어진 벤치에 앉아 있다.

작품들 속에 나오는 풀로 된 자리는 중세의 **울타리 두른 정원**의 그것과 일치한다. 울타리 두른 정원의 한가운데에는 종종 성모 마리아상이 이러한 풀 벤치에 앉아 수많은 식물들에 에워싸여 있었다. 밀턴의 《실낙원》에서 아담과 이브가 대천사 라파엘을 맞이할 때 "높고 무성하게 자란 잔디가 그들의 식탁이었고, 그 주변을 둘러싸고 자란 이끼가 다름 아닌 의자였다[13]"라는 대목이 나온다.

18세기 영국식 정원에는 휴식을 청하고 평온한 마음으로 명상할 수 있는 벤치들이 도처에 놓여 있었다. 당시 연애소설을 보면 이런 잔디 의자들이 등장하는 장면을 쉽게 발견할 수 있다. 도미니크 비방 드농Dominique Vivant Denon의《내일은 없다》(1777)에서 화자는 자신의 애인인 T. 부인과 팔짱을 끼고 산책을 한다. 두 사람이 힘들 때쯤, "잔디로 된 벤치가 나타났고, 둘은 팔짱을 낀 채 벤치에 앉았다." 나중에 그때의 기억이 두 사람을 혼란스럽게 한다. "우리는 잔디 벤치 앞을 지나가다 우리도 모르게 말 못할 어떤 감정에 휩싸이며 발길을 멈추었다.[14]"

그 뒤로도 풀밭에 앉거나 누워서 휴식을 취하는 장면은 소설 속에서 지겨울 만큼 되풀이된다. 작품 첫머리에 존 쿠퍼 포이스가 인용문 형태로 묘사해 놓은 불안에 사로잡힌 울프 솔런트가 느끼는 다양한 감정들을 살펴보자.

"그는 풀밭에 누워 (…) 자신 앞에 깔린 안개 낀 어둠을 오랫동안 뚫어져라 바라보다가 (…) 순간 다른 세상으로 통하는 비밀의 문 속으로 빨려 들어가는 것 같았다. 그 문 너머 세상은 고요히 자라나는 싱그러운 식물들로 뒤덮인 곳일 듯했다. (…) 그는 흠뻑 젖은 풀이 빽빽이 자란 풀밭에 누워 안도의 한숨을 내뱉었다. 불안감이 그저 잠시 가라앉은 정도가 아니었다. 마음 속 깊은 어딘가 속으로 삼켜졌다 느껴질 정도였다. 이 땅에 찾아온 최초의 여명 아래 처음으로 맺힌 이슬 안에서 길을 잃었다. 인간과 짐승보다 훨씬 오래전에 나타난, 이 낯선 식물의 살갗이 일으키는 희미하고도 불분명한 내적 변화에 빠져 들어간 것이다.[15]"

이제 다시 풀밭에 머무르는 여러 가지 방식에 대해 구분 지어 살펴보자. 장 피에르 리샤르는 자신이 생각하는 "풀이 무성하게 난 자리"의 여러 가지 매력에 대해 상세히 설명했다. 이 자리는 결코 얇지 않다. "이 자리에는 적당한 두께로 부드러운 잔디가 나 있어, 다치거나 파묻힐 걱정 없이 즐길 수 있다. 잔디에 몸을 반쯤 파묻거나 아니면 반대로 잔디를 자신의 몸에 눌러 씌워 잔디와 하나가 될 수도 있다.[16]"

무엇보다 풀은 휴식하기에 알맞다. 중세의 여러 소설 작품 속에서 부상을 당해 거동이 불편하거나 쓰러진 기사들을 눕히는 곳이 바로 이 잔디이다. 프랑스 기사문학 작품 《에렉과 에니드》에서도 에렉이 온몸에 부상을 입자 그의 충복인 기브레가 주변에 널린 풀과 골풀로 높고 긴 침대를 만들었으며, 에렉을 거기에 눕히고 돌봤다.[17]

16세기 서사시에는 풀밭에서 휴식을 취하는 장면이 전원시라고 해도 될 만큼 자주 등장한다. 아리오스토Arioste의 《안젤리카》(제1편)에서는 안젤리카가 바비에르 공작의 천막에서 도망쳐 나오는 장면이 있다. 그녀는 몇 날 며칠을 밤낮으로 떠돌아다니다가 마침내 머무르기 좋은 장소를 발견한다. "그곳에는 새로 난 두 줄기의 맑은 시냇물이 돋아난 지 얼마 되지 않아 아직 여리고 여린 풀들을 에워싼 채로 서로 속삭이며 졸졸거리고 있었네." 그녀는 말에서 내려 "가장자리에 싱그러운 풀들이 가득 나 있는 맑은 물줄기 주변을 이리저리 돌아다닌다." 그러다 그녀는 한 인적 없는 공간을 찾아낸다. "그 안에는 누구든지 다가가서 편히 쉴 수 있는 부드러운 풀로 만든 침대가 놓여 있다. 아름다운 여인은 침대의 한가운데 가서 앉는다. 그녀는 그곳에 몸을 뉘어 잠이 든다.[18]"

계속해서 풀과 휴식을 연결 짓는 내용이 나오는 작품들을 여러 시대에 걸쳐 살펴보자. 베르나르댕 드 생 피에르Bernardin de Saint-Pierre는 고귀한 유토피아를 그려냈다. 그의 대작 《자연 연구》에 감동적인 내용이 담긴 페이지가 나온다. 그는 "불우한 사람들"을 구해주기 위해 적선하는 일을 그만두고, 이제 더 이상 "서민들"의 얼굴에 빵을 던지지 말자고 제안한다. 당시 군중이 모여 축제를 벌일 때 관례적으로 이런 행위를 했다. "대신 축제를 멋지게 마련한 사람들에게 부상으로 '그들이 풀밭에 둘러앉도록' 즐거운 자리를 만들어주는 편이 낫지 않겠는가.[19]"

알퐁스 도데가 묘사한 들판의 군수는 팔을 걷어 올리고 옷의 단추를 끄르고 중산모를 수풀 위에 내려놓은 뒤 포근한 풀밭에 자리 잡고 앉는다. 군수가 "풀밭에 엎드려 보헤미안처럼 아무렇게나 옷을 걸치고 풀밭에 엎드려 있는 것[20]"은 군청 사람들이 상상할 수 없는 모습이었다.

　앞서 장 지오노 작 《소생》의 등장인물들이 초원에 자리 잡고 휴식을 취하는 장면을 이야기한 바 있다. 그 등장인물들의 모습을 좀 더 자세히 들여다보자. "그들은 풀밭에 앉았다. 말없이 앉아서 식사를 했다. 망망대해처럼 아득하게 넓은 대지, 햇빛과 바람을 피할 곳이라곤 없는 고원에서는 앉아 있는 것만이 상책이다. 대지의 열기가 옆구리를 타고 올라왔다. 양의 살가죽처럼 풀이 따뜻했다. (…) 아르쥘르도 마늘을 먹었다. 그녀의 얼굴은 덤불 너머 바다처럼 끝없이 펼쳐 있는 고원으로 향해 있었다. (…) 그러다가 어딘가로 뛰어가는 풀더미를 쳐다보다 갑자기 '오!' 하고 외마디 탄식을 내뱉었다.[21]"

　풀밭에 앉아 단지 휴식만 하지는 않는다. 자연스레 관조를 하게 된다. 장 자크 루소도 풀밭에 앉아 "눈요기"를 하며 기분 좋고 유쾌한 느낌들을 즐겼다. 이러한 관조적 자세 덕분에 헨리 데이비드 소로는 자신이 그 무엇보다 고귀하다 여기는 자연과 함께 "장시간 조용한 토론"을 주고받을 수 있었다. 그리고 워즈워스는 자연 속에서 관조하며 마음을 가라앉히는 이상적인 표본을 그려내기도 했다.

"마침내 어느 그늘진 풀밭에 이르러, 나무 아래
자리 잡았네, 일부러 상념의 고삐 늦추고 (…)
해가 서녘으로 기운 지 두어 시간 남짓한 때
하늘엔 은빛 구름, 풀잎엔 반짝이는 햇빛, 그리고
그늘 속에 가려진 숲엔 고요한 정적이 감돌았네. (…)"

〈뻐꾸기에 부쳐〉에서는 이런 구절도 나온다.

"풀밭에 누워서
거푸 우는 네 소릴 듣는다…….
지금도 들판에 누워
네 소리에 귀 기울인다.
그 소리에 귀 기울일라치면
황금빛 옛 시절이 돌아온다.[22]"

제라르 드 네르발은 《나비에 관한 오들레트》에서 워즈워스가 이야기한 것과 상당히 유사한 감정들을 드러낸다.

"다시금 찬란한 여름이 찾아와

나는 홀로 숲으로 향해.
드넓은 풀밭에 몸을 뉘여
초록 침대보에 몸을 감춘다.
고개 돌려 바라보니
이어지는 나비들의 행렬.
하나의 시상처럼
사랑의 마음처럼![23]"

조지 엘리엇의 소설 《플로스 강의 물방앗간》의 등장인물인 메기는 어른이 되고 나니, 어린 시절 자신을 불안하게 했던 붉은 계곡이 더 이상 두렵지 않았다. 그녀는 여름철마다 자리 잡고 앉았던 그곳에서 "침묵이라는 옷에 달린 작은 종소리 같은 풀벌레 소리에 귀를 기울였다. 또한 멀리 떨어진 가지 사이로 뚫고 들어오는 햇빛을 바라보면서, 그것이 야생 히아신스의 여유로운 하늘빛을 뒤쫓아 왔지만 원래의 집인 하늘로 되돌아가고자 하는 것 같다는 생각을 하기도 했다.[24]"

1793년 7월 3일, 라마르틴 소설의 등장인물인 조슬랭은 사방에 꽃이 피어 있고, 바짝 마른 건초의 향이 풍기는 키 큰 풀밭에 축 늘어져 있을 때, 순간 온몸이 무언가에 잡아먹히는 느낌을 받는다. 그의 관자놀이가 고요한 이마 곁에서 팔딱거리기 시작했다.

"내 안에서 넘치는 생생한 기쁨이여,
덧없는 시간들을 완전히 망각하게 하는 기쁨을
이따금 내 감각에서 떨어져 나간 영혼은
더 이상 무게를 느낄 수 없네 (…)
이 고요함 속에서 스스로를 가만히 다독이고
더 이상 삶도 생각도 의식하지 않고 싶어라."

이 편안한 자세는 조슬랭에게 "불멸의 감정[25]"을 가져다준다. 보다시피 풀 위에 **잠시 머무르면** 휴식을 취하고 명상에 잠길 뿐만 아니라 몽상하는 일까지 가능하다. 레오파르디는 이를 파란만장하게 경험했다. 적어도 그의 시집《칸티》에 나오는 바로는 그러하다. 그중〈아시아를 방랑하는 어느 목동의 야상곡〉을 보면, 목동이 양 떼에게 말을 건네는 구절이 나온다.

"그늘진 풀밭에 몸을 뉘인 너는
평온하고 흐뭇하구나.
한해 중 화려한 시절인 이 순간을
아무런 걱정 없이 보내는구나.
나 역시 그늘진 풀밭에 앉아보지만
근심이 내 머릿속을 가득 채우네.
가시 하나가 나를 찔러대니

내가 앉을 자리를 찾아

고요함을 누리기 힘들기만 하구나."

《아스파지아》에서는 한결 진정된 모습을 보인다. "사실 열정과 중대한 과오가 없는 인생이란 별빛 없는 겨울밤이나 마찬가지다. 거만하게 풀밭에 누워 웃으며 땅과 바다, 하늘을 바라보기만 해도 덧없는 운명을 설욕하기에 충분하지 않겠는가.[26]"

풀밭에 앉거나 뒹굴며 자신의 행복과 기쁨을 표현할 수 있고, 그 안에서 편안함을 느끼며 구속당한 몸가짐에서 벗어나거나 관능적인 황홀경에 빠져들 수도 있다. 기 드 모파상Guy de Maupassant의 《보니파스 영감이 발견한 범죄》에서는 주인공이 명랑한 기병 하사 앞에서 상스럽게 "도랑에 난 풀밭에 앉아 거리낌 없이 포복절도했다.[27]"

위스망스Huysmans의 소설 《피항지에서》에서는 주인공 자크가 "영혼을 녹이는" 풀이 자란 산비탈에 앉는 장면이 여러 차례 등장한다. 하루는 풀밭에 가서 앉고 싶어 애가 타는 순간이 온다. 결국 "그는 풀밭에 엎드려 아무 생각도 하지 않고 꽃을 따며 즐거워했다." 길가에 자라는 꽃들과 같은 종이었다. 그는 꽃향기를 맡으며 원래 그 꽃이 내뿜는 향과 기름에 찌들어 변해버린 냄새를 곱씹는다. 결국 "기름 냄새는 여린 잎겨드랑이에서 나는 약한 향과 함께 사라져버린다.[28]"

풀밭에 앉아 시간을 보내는 방법은 아주 다양하게 떠올려볼 수 있다. 풀밭에 앉아 깊은 생각에 빠져보는 것은 물론이요, 책을 읽거나 공부를 할 수도 있고, 이따금 글을 쓸 수도 있을 것이다.《잃어버린 시간을 찾아서》의 화자는 콩브레에서 지낼 때, 동시대의 수많은 젊은이들처럼 정원에서 책을 읽곤 했다. 이보다 나중에 자크 레다가 제안한 실행 방법은 조금 특별하다. 그의 시집《교외의 아름다움》에 실린 마지막 시의 제목은 "(이미) 써진 풀"이다. 이처럼 그의 작품 세계에서 풀에 관한 상상은 그의 시적 구상에 크게 자리 잡았다.

그는 이렇게 썼다. "풀밭에 펼쳐져 있는 나의 노트 한 쪽에/ 해가 지며 만들어낸 풀의 그림자들이 드리우네/ 그림자들은 손을 떨며 왼쪽에서 오른쪽으로 글을 쓰네/ 문단의 나눔도 없이 열 행을 써내려가고, (…) 새까만 풀들이 글에 쓰인 단어들을 채 그려내기도 전에 나는 공연히 왼쪽에서 오른쪽으로 한 자씩 더 듬거리며 읽는다……[29]"

이처럼 레다는 "사물로서의 풀"을 이리저리 뒤얽힌 구조를 이루는 "작품으로서의 풀"로 변형시켰다. 장 피에르 리샤르가 말하길 그는 "풀잎 한 점을 축으로 (…) 세상의 균형을 이루어낼 수 있다"고 했다.

풀밭에서 혼자 혹은 유쾌한 사람 여럿과 함께 점심을 먹는 것은 훨씬 더 흔하게 생각해볼 수 있는 시간을 보내는 방법이다.

굳이 18세기 이전으로 거슬러 올라가지 않아도 이미 사례가 넘쳐 난다. 하지만 이러한 방식은 풀밭에서 축제를 벌이는 것처럼 본질적으로 사교성의 영역에 속하므로 우리가 여기서 살펴보려는 주제와는 정확히 들어맞지 않는다. 그래서 이에 관해서는 간략히 살피고 넘어가려 한다. 발랑탱 자므레 뒤발과 그의 친구는 보주Vosges 산지를 지나며 잠시 잔디밭에 앉아 햄 조각을 점심으로 먹는다.[30] 괴테는 에커만과 나들이를 나갔다가 바이마르Weimar 근처에서 마차를 세우고 언덕의 "맑은 공기"를 마시며 점심을 먹기로 한다. 마부 프리드리히가 점심을 꺼내 산비탈의 잔디 위에 푸는 동안 두 사람은 잠시 산책을 한다.[31]

《잃어버린 시간을 찾아서》의 화자는 '메제글리즈 쪽*'에서 이런 이야기를 풀어낸다. "우리는 물가에 핀 아이리스 틈에 앉아" 과일과 빵, 코코아를 간식으로 먹었다. 그때 "그 풀밭에서는" "꽃들을 스칠 듯 지나며 우리들의 발끝까지 울림이 전해지는" 성 일레르의 종소리가 들려왔다.[32]

제2제정 시대에는 뱃놀이꾼들을 따라나서는 젊은 매춘부들이 파리의 멋진 카페에서 파티를 여는 것보다 물가의 키 큰 버드나무 그늘 아래 풀밭에 앉아 식사하기를 더 좋아했다. 이것은

---

* 총 7편으로 구성된 《잃어버린 시간을 찾아서》의 제1편 《스완네 집 쪽으로》에 나오는 두 방향의 산책길 중 하나이다.

당시 시골에서 흔히 유행하던 여가를 즐기는 방식이었다. 여기에는 산책, 선잠, 뱃놀이, 물놀이, 휴식, 풀밭에서의 점심식사로 이루어진 목가적이고 천진난만한 감성이 그대로 펼쳐진다. 풀밭은 시골을 사회적으로 상징하는 새로운 요소와도 같았다. 풀밭은 식기도 없고 앉는 자세도 편치 않은 새로운 식문화를 만들어냈다. 요컨대 지나친 화려함에서 소박함으로 돌아간 것이다. 미쉘 마페졸리 Michel Maffesoli는 여기에서 디오니소스적인 것으로의 회귀를 알아차렸다. 루크레티우스가 이야기했던, 인간들이 땅의 열매를 나눠먹고 "프록세노스 Proxenos³³"와 같은 역할을 하며 공동으로 손님을 대접하며 살았던 태초의 순간에 대한 무의지적 기억을 지각한 것이다.* 앙리 세아르 Henry Céard의 말처럼 우리가 다시 찾은 시골은 발끝을 통해 언제나 풀의 싱그러움을 어렴풋이 느끼게 하며, 수많은 그림과 사진, 영화 작품에 영감을 불어넣었다.

   당시에는 풀밭에서 머무를 때 휴식 이외에 다른 여러 가지 활동들도 함께 했다. "날 좋은 주일"에 낚시를 할 때에도 마찬가지였다. 부인들은 물가 뒤편에 멀찍이 앉아 낚시하는 남편을 기다리며 뜨개질을 하거나 그림 잡지들을 읽었다. 잡지들은 마치 잔

---

* 프록세노스는 고대 그리스 시대에 있었던 직책으로 '손님의 벗'이라는 뜻을 지닌다. 오늘날 영사와 비슷한 기능을 한다.

디 위에 깔린 식탁보 같았다.

장 지오노는《소생》에서 이렇게 썼다. 아르쥘르는 "천 다발을 팔에 끼고 풀밭으로 갔다.[34]" 과거 풀과 집안일을 연결 짓는 행위들은 아주 다양했다. 20세기 초엽까지만 해도 빨래하는 날에는 빨래터 근처의 풀밭에 침대보들을 쫙 펼쳐 놓고 하루 종일 햇빛에 말렸다. 같은 소설 안에서 완전히 다른 관점으로 바라보는 장면도 등장한다. 임신한 아르쥘르가 행복한 앞날을 꿈꾸며 곧 태어날 아기에 대해 이렇게 이야기한다. "아기와 나는 풀밭에서 놀 거예요. 내 젖을 풀밭에 뿜어 나오게 해서 아기를 웃길 거예요." 남편 팡튀를르는 이 이야기를 듣고, "행복에 사로잡혔다." "그는 초원을 둘러싸고 있는 정적이 그의 몸속에 완전히 잠길 때까지 걸었다."《소생》은 풀에 관한 훌륭한 소설이다. 등장인물들이 항상 풀밭에 있는가 하면 그럴 때마다 초목에 관한 다양한 묘사까지 더해지기도 한다. 이 소설에서는 본능적인 욕망과 인간의 육감을 풀과 연결시킨다. 소생에 대한 확신을 교묘히 축약해 졸졸거리며 흐르는 시냇물 소리와 계속해서 연결 짓기도 한다.

또 하나 살펴볼 장면은 바로 장 지오노 이전에 빅토르 위고가 자신의 작품 속에서 풀에 관한 경험을 풀어놓은 부분이다. 여기에서는 우선 라인 강변을 여행하는 부분만 한정지어 살펴보자. 위고가 귀 기울여 듣고, 관조하고, 꿈꾸고, 명상하고, 숙고할 때에는 대체로 풀밭에 앉아 있었다. 저녁 강가의 바람이 멎으면, "지친 나그네 곁에서 대화를 이어나가던 풀의 부드럽고 가벼운 떨림도 바람과 함께 멈추었다." 빅토르 위고는 하이델베르크Heidelberg 근처에서 "시선을 거의 땅에 고정한 채 오솔길 쪽으로 고개를 숙여" 온종일 걸었다. 그 뒤에 이런 구절이 이어진다. "나는 이끼, 그러니까 초록 벨벳을 씌운 멋진 안락의자에 앉았다. (…) 바람과 나뭇잎, 풀이 입을 다물고, 그곳에 정적과 황량함이 깊이 내려앉으면, (…) 나는 내 안에서 끊임없이 중얼거리는 그 모든 것들의 소리를 잠재운다.[35]" 이런 구절도 나온다. "프라이부르크Freiburg에서는 앉아 쉴 수 있는 잔디밭이 바로 코앞에서 펼쳐지는 멋진 광경을 오랜 시간 잊고 지냈다.[36]"

무수히 많은 현대 작가들도 풀밭에 앉거나 눕는 행위가 가져다주는 이점에 대해 곱씹어 말했다. 프랑시스 퐁주는 초원이란 침대와 침대보로 쓰라고 자연이 선물해 준 잠자리요, 휴식과 희망을 동시에 안겨주는 곳이라 했다. 그곳을 바라보기만 해도 이미 그곳에 길게 드러누운 기분이 들 정도라고 했다. 귀스타브 루는 이렇게 주문했다. 새 소리를 들으려면 "지친 나그네처럼 비단 같은 풀밭에 누워야[37]" 한다. 이번에는 소설 내용 안에서 한번 살펴보자. 앙리 보스코는 《반바지 당나귀》에서 콩스탕탱을 풀밭에 머무르는 것에 푹 빠진 젊은이로 그렸다. 자신을 파고드는 밤의 존재가 그의 마음을 뒤흔든다. "(…) 나는 때론 앎에 대한 욕망에 사로잡혀 땅바닥으로 달려들어 풀밭 속을 오래 뒹굴다가 문득 손은 피투성이가 되고 입은 진흙 바닥에 붙인 채 풀을 뜯으며 '대지'의 젖을 빨아마셨다.[38]"

프랑수아즈 르노는 미끄러지는 바람에 우연히 축축한 풀밭에 나동그라진 일을 떠올리며 이렇게 썼다. "실소가 터져 나왔다. 곧이어 풀 위에 드러눕고 싶었다." 그녀는 이 충동에 이끌려 풀밭에 누웠다. "내 안을 그득히 채운 이 기쁨, 그리고 나뭇진과 버섯, 즈려 밟힌 풀에서 나는 향기에 취해 잠시 시간을 보냈다.[39]"

이번에는 풀을 향한 욕망에 관한 이야기로 넘어가보자. 동물들에게 아주 당연한 이 욕망은 오래 전부터 문학적 주제로 쓰였다. 라퐁텐 우화에 등장하는 당나귀는 자신의 잘못을 고백한다.

"(…) 어느 날 풀밭을 지나가다가 배도 고프고, 또 마침 부드러운 풀들도 눈앞에 있었는데, 거기다가 또 악마들이 유혹까지 하는 바람에……. 그래서 그 풀을 아주 조금, 저의 혓바닥 넓이만큼만 먹었어요. (…)"

알퐁스 도데의 유명한 이야기 《스갱 할아버지의 염소》보다 앞서 라퐁텐은 〈두 염소〉에서 이렇게 썼다.

"염소들이 풀을 뜯기 시작한 그 순간,

어떤 자유로운 마음이

그들에게 행운을 찾아 나서도록 했다.

둘은 인적이 가장 드문 곳에 있는

목초지를 향해 여행을 떠난다.[40] (…)"

저 유명한 스갱 할아버지의 염소는 산비탈의 풀을 뜯어먹고 싶어 안달이 나있다. 그래서 그토록 가고 싶어 했던 곳에 도착한 염소는 나팔 소리도 무시한 채 여기저기 풀을 찾아다닌다. 도데는 이렇게 썼다. "이 풀 좀 봐! 먹음직스럽고 가는 풀이 삐죽빼죽 솟아 있네. (…) 이 꽃들은 또 어떻고! (…) 야생화 숲은 온통 매혹적인 진액들로 넘쳐나네!" 염소는 물리도록 풀을 뜯어먹고 비탈을 따라 구르고 뒹군다. 심지어 자신을 잡아먹으러 쫓아오는 늑대를 피해 다니다 잠깐 숨 돌리는 틈에도 여전히 풀을 뜯어먹고 싶은 욕구에 사로잡힌다. "탐욕스러운 염소는 자신이 좋아하는 풀잎을 허둥지둥 뜯어 입 안에 욱여넣은 채 다시 싸우러 갔다.[41]"

하지만 문학 작품 안에서 풀을 향한 욕망 때문에 어리석은 짓을 하는 대표적인 동물은 뭐니 뭐니 해도 당나귀이다. 반바지 당나귀는 나이가 많진 않았지만 그 어느 짐승보다 깊고 진중한 시선을 지니고 있었다. 앙리 보스코는 이렇게 썼다. 그 커다란 청록색 눈동자에는 "여느 당나귀들이 흔히 꿈꾸는 들판의 부드러운 식탁보에 피어난 개자리속, 토끼풀, 누에콩풀들일랑 그저 한낱 추억인 듯 얼핏 스쳐갈 뿐이었다. 이 당나귀의 눈길 속엔 보다 더 강렬한 빛깔이 하나하나 지나가고 있었다. 이제 막 피어나는 샐비어와 봄철을 맞은 백리향의 연보랏빛, 물어뜯긴 뿌리의 선 붉은빛.[42]"

어리석음의 상징과도 같은 풀 뜯어먹는 당나귀는 로베르트 무질의 《특성 없는 남자》에 나오는 감탄스러운 한 구절에 영감을 주었다. 카카니엔Kakanien*의 영웅인 스툼 장군은 자신이 저지른 어리석은 행동에 좌절한 채 좀 더 공부를 해볼 마음으로 도서관으로 향한다. 그는 도서관 근처에서 울리히와 아른하임, 디오티마[43]와 마주친다. 그 순간 아마도 자신이 저지른 어리석은 행동이 떠올라서인지, 당황해서 어쩔 줄 몰라 하며 당나귀 행세를 한다.

"거리에 깔린 포석들 틈새로 풀이 자라 있었다. 이것은 그 전해에 눈밭에 누운 시체처럼 기이한 싱그러움을 풍기던 풀이었다. 게다가 불과 몇 발짝 떨어진 곳에 차들이 무수히 많이 지나다녀 반질반질해진 아스팔트 도로가 있음에도 불구하고, 이 돌들 사이로 풀이 자랄 수 있단 사실을 떠올리니, 너무나 흥미로웠고 심지어 조금은 당황스럽기까지 했다. 장군은 자신의 마음

---

* 소설 속에서 언급되는 오스트리아-헝가리 제국의 별칭이다.

속에 몹시 불안한 집착이 커지는 것을 느꼈다. 이런 상태가 계속 이어지다가는 세상 모든 사람들 앞에서 무릎을 꿇고 앉아 풀을 뜯어먹게 될 것만 같았다.[44]"

앞서 예로 든 것들이 허구의 이야기에 불과하다면, 시인 자크 레다는 풀을 뜯어먹고 싶은 마음에 이끌려 실제로 그것을 먹어 본 이야기를 들려주었다. 그는 노르망디의 어느 비옥한 초원에서 직접 경험한 일을 토대로 글을 썼다. 이 구절은 아마도 풀에 관한 문학 작품을 통틀어 가장 인상적인 부분이 아닐까 싶다. "오늘 아침에도 나는 깨달음을 위해 용기를 내어 풀을 뜯어먹기로 했다. 요오드와 염분을 충분히 머금은 바람을 맞으며 자란 것처럼 진정 여리고 먹음직스러운 풀들이 빽빽하게 나 있었다. 잠시 망설여지기도 했지만 결국 충동에 따랐다." 자크 레다는 맛부터 음미한 뒤 이어서 질감을 느껴보았다.

"뭐랄까, 노골적이고 강렬한 맛이 나고, 실파의 형태를 닮은 끝부분을 제외하고는 약간 질길 정도로 끈적끈적했다. (…) 풀을 여러 입 먹은 입속은 당연히 향기로웠지만 사람들이 창가에 두고 기르는 향신료의 향과는 달랐다. (…) 분명히 경계 짓지 않은, 여운이 있는 맛이었다.[45]"

그런데 풀에 가까이 다가간 그는 또 다른 감정을 느꼈다. 그는 그곳에서 사람들이 바글거리며 분주히 돌아다니다 잠시 쉬거나 멈추고, 살거나 죽는 모습들을 관조할 수 있었다. 귀를 기울여야만 들리는 짐승과 풀들의 미미한 소리로 된 이 고요함을 듣는 일도 빼놓을 수 없었다.

제 6 장

수풀, 그 미시의 세계

수풀, 그 미시의 세계

르네 샤르는 이렇게 썼다. "초원의 민중들이 나를 매료시킨다. 그들의 덧없고 독이 없는 아름다움은 소리 내어 외워도 싫증나지 않는다. 풀의 공상에 빠져 길을 잃은 어린 들쥐와 두더지, 욕심 없고 마음이 깨끗한 발 없는 도마뱀, 누구보다 순진한 귀뚜라미, 파드득거리며 자기 옷을 아끼는 메뚜기, 취기를 가장해 조용한 딸꾹질로 꽃들을 성가시게 하는 나비, 푸르고 넓은 초원에 마음이 편안해진 개미 떼, 바로 그 위로 별똥별처럼 쏟아지는 제비 떼……. 초원, 그대는 하루를 온전하게 담은 상자이구려.[1]"

이러한 매력은 수 세기에 걸쳐 이어져 왔다. 풀은 그저 푸르기만 한 것이 아니다. 풀은 그 다양성과 존재 및 삶의 여러 가지 방식, 그리고 그것을 구성하는 것들 사이에 맺어진 난해한 관계까지 품고 있는 하나의 세계라 할 수 있다. 이러한 풀의 난해함을 마주한 대부분의 작가들은 그곳 풀의 세계에서 살아가거나 혹은 그곳을 여행하는 사람에게만 초점을 맞춰 이야기를 풀어내 왔다.

하지만 미슐레는 달랐다. 그는 푸르름에 파묻힌 이 작은 세계 속에서 좋은 벌레와 나쁜 벌레를 구분했다. 6월이면 해충들이 잇따라 나타나 살아 있는 먹잇감들을 노린다. 이러나저러나 이 벌레들은 "끼리끼리 지낸다"는 말도 덧붙였다. 그들은 폐쇄된 세계를 구축한다. 그리고 "날개 달린 세계의 선율들도, 인간의 언어와 달리 수많은 소리 없는 어휘로 힘차게 생각을 드러내는 무한히 어둡고 고요한 풀숲 속 세계의 속삭임을 방해하진 못했다.[2]" 미슐레의 부인 아테나이스는 자신의 일기에서 꿀벌과 뒹벌 같이 아침 일찍 일어나 부지런히 일하는 종들과 풀숲 깊숙한 곳에서 굼뜨게 살아가는 "짙은 사파이어" 풍뎅이를 비교했다.[3]

전원시에는 처음부터 풀의 작은 세계를 이루는 구성원들이 등장한다. 테오크리토스는 《목가》에서 목자 라콘과 염소지기 코마타스 간의 노래 대결을 이야기했다. 시인은 둘을 매미와 말벌에 비유했다. 목자는 잔디밭에서 찌르르거리는 메뚜기들을 노래하고 염소지기는 새들이 지저귀는 곳에서 즐겁게 윙윙거리는 꿀벌들을 노래한다. 그 이후에 쓴《들판의 뮤즈》에서는 시미시다스가 프라시다모스와 함께 갓 베어낸 포도나무 가지 위에서 잠들었던 순간을 떠올리는 장면이 나온다. 그들의 머리 위로 느릅나무와 포플러나무가 바스락거리고, 풀밭에는 "까만 매미들이 서로 질세라 맴맴거렸다." 나이팅게일과 종달새가 지저귀고, 멧비둘기가 울어대며, 꿀벌들이 윙윙거렸다.[4]

베르길리우스는 서사시《게오르기카》제4권 곳곳에서 꿀벌에 대해 묘사했다. 두 개로 편을 가른 벌 떼와 벌통을 경탄하며 이야기했다. "이 작은 대상들 안에 얼마나 많은 경이로움이 있는가!" 그는 "그들이 지키는 질서와 법, 일벌들의 근면함과 여왕벌의 훌륭함"을 찬양하고자 했다.[5] 꿀벌은 제비꽃을 좋아하고, 잔디도 좋아한다. 하지만 꿀벌들은 봄철이면 서로 싸움을 벌인다.

17세기에 라퐁텐은 여러 우화에서 이 풀의 작은 세계를 그려내고 그 안에서 특징들을 분석했다. 물론 〈매미와 개미〉 말고도 친근함과 명철함, 관찰의 즐거움을 보여주는 이야기는 많이 있다. 부지런한 개미는 〈파리와 개미〉에서 다시 등장한다. 개미는 열심히 일하는 자신이 궁전을 드나드는 파리보다 고귀하다며 자신 있게 말한다. "나는 즐겁게 살아갈 거예요." 다른 우화에서는 물에 빠진 개미가 비둘기가 던져준 풀잎 덕분에 죽을 뻔한 위기를 모면하고, 그 뒤에 사냥꾼에게 죽을 뻔한 비둘기를 구해준다. 또 다른 이야기에서는 말벌과 파리가 서로 다투다가 누구 말이 옳은지 묻기 위해 개미를 찾아가기도 한다. 이처럼 교훈을 준다는 명목으로 끊임없이 만들어지던 우화는 세월이 흘러 점차 자취를 감추고, 풀숲 속의 작은 세계는 그 자체로 직접적인 관찰과 묘사의 대상이 된다.

이러한 흐름은 18세기 말부터 더 깊어졌다. 이것은 베르테르의 감성을 이루는 요소가 되었다. 그 전까지 괴로움을 그려내던 그가 자연을 관조할 때 느끼는 기쁨을 이야기하기 시작한다. "모기들이 떼를 지어 붉은 저녁노을 속에서 즐겁게 춤을 추고, 마지막으로 햇빛이 타오르자 풀숲에 숨어 있던 풍뎅이들이 웽웽거리며 날아가 버리는 모습을 보았던" 순간을 이야기한다. 이 모든 것들은 그의 시선을 땅을 향하게 했다. "자연의 내부에서 불타고 있는 거룩한 생명"을 엿보려고 했다. 베르테르는 이렇게 회상한다. "그때 나는 이 모든 것을 내 뜨거운 가슴속으로 끌어안으려는 듯했다.[6]"

도시 생활에 싫증난 존 키츠는 "풀이 물결치는" 안식처를 찾아 메뚜기와 귀뚜라미 소리에 귀를 기울였다. 그 소리는 "결코 끝나지 않는 대지大地의 시"를 만들어낸다.

"(…) 어떤 목소리가
　새로 풀을 벤 풀밭의 울타리에서 울타리로 뛰어다니지.

그것은 메뚜기의 목소리—그가 여름의 무성함을
이끌고 온다네—그는 결코 기쁨을 참는 법이 없었지.
왜냐하면 재미도 시들해질 무렵이면, 그는 어떤
유쾌한 잡초 아래에서 편히 쉬고 있을 테니까."

겨울에는 "풀이 무성한 어느 언덕"에서 메뚜기가 부르는 노래에 난롯가에서 울리는 귀뚜라미의 노랫소리가 더해진다. 또한 풀을 향한 시까지 이어진다. 키츠는 사향 장미와 "여름철 저녁 때 몰려든 붕붕거리는 날벌레들을" 언급한다. 끝으로 이런 모습을 그린 시구 두 개를 인용하고자 한다.

"강가의 버드나무 사이에서
작은 각다귀들 서글픈 합창으로 읊조리고,"

"귀뚜라미들은 울타리에서 노래하네.7"

라마르틴은 풀의 작은 세계에 대해 자주 노래한 작가로 손꼽힌다. 그는 이 작은 세계 안에서 무한함을 읽어내곤 했었다. 1794년 5월 6일, 조슬랭은 풀이 무성하게 자란 풀밭을 산책한 일을 자세히 이야기하며 무수히 많은 벌레들이 바글거리고 있던 모습을 묘사했다.

"경쾌한 구름들이 우리의 무릎을 스쳐가고,
하루살이, 나비, 파리 떼가
생기 있는 모습으로 층을 이룬 듯 보였다.
그들은 길게 줄지어 회오리를 이루며 올라가
공중을 가득 채우고는, 서로의 뒤에서 잠깐씩 몸을 숨긴다.
(…)
회오리바람은 물 위, 초원 위, 건초 위, 여기저기를 떠돌아다니고
그들이 일으킨 바람에 부스러기들은 더 멀리 날려간다.
(…)
그들이 몸을 떨며 일으킨 바람은
그저 윙윙거리는 아름다운 선율로만 들렸다."

여기서 회오리바람의 묘사에만 주의를 기울이면 안 된다. 라마르틴의 눈에는 이 강렬한 존재가 어떤 특별한 의미를 띠는 것으로 보였다. 그에게 이 격렬함이란 바로 신의 숨결과 같은 것이었다. 그리고 **천상의 무한함**에 상응하는 것이기도 했다. 처음에 라마르틴은 《시와 종교의 조화》에서 이렇게 썼다.

"나는 높은 곳에서 풀을 내려다보았다. 견주어 보니
벌레는 하찮고 나는 커 보였다."

하지만 신에 관한 생각은 이러한 태도를 변화시켰다.

"어느새 메마른 내 눈길은 다시 이 세상으로 내려와,
발밑에서 피어나는 잔디를 바라보고
밟고 선 풀 아래에서 들리는 윙윙거림에 귀 기울인다.
이랑마다 물결치며 떠다니는 이 생명체들은
신의 숨결로 활기를 띤 작은 존재들이거늘.
(…)
잠깐이면 그들의 존재가 완성되고,
회오리바람은 가라앉았다가 되살아난다.
(…)
이 생명력은 어디에서 오고, 어디에서 움트는지
혹시 여명이 비치는 쪽은 아닐는지?
(…)
풀 아래에서 윙윙거리는 하루살이 벌레들이여,
너희들은 죽음으로, 우리는 너희들의 위대함으로
마음 속 깊은 곳에서 신을 찬미한다네.[8]"

땅의 비루한 것과 하늘의 위대한 존재가 서로 주고받는 이러한 유희는 풀의 세계를 무한히 넓혔다. 빅토르 위고의 눈에는 이것이 풀잎과 별 사이의 대화처럼 보였다.

이와 같은 풀의 작은 세계를 향한 찬양은 소로가 잔디밭에서 뒹굴과 마주쳤을 때의 느낌과 나름대로 일맥상통한다. 소로가 1853년 5월에 쓴 일기에 이런 내용이 나온다. "올해 첫 귀뚜라미 노랫소리를 들으니 나머지 모든 것들이 잊히는 듯했다." "잔디밭에서 귀뚜라미 울음소리가 들리는 순간, 세상은 보잘 것 없어 보인다(1853년 6월)." 그 다음 해, 이번에도 5월이다. "귀뚜라미 노랫소리는 성숙한 지혜, 결코 늦는 법이 없는 지혜를 연상시킨다. 이러한 지혜는 속세의 근심들을 모두 이겨내게 한다. 봄의 열망과 여름의 열기가 합쳐져 이루어낸 가을의 싱그러움과 무르익음을 지닌 지혜를 연상시킨다. 귀뚜라미들은 새들에게 '너희는 꼭 변덕쟁이 꼬마들처럼 얘기하는구나. 자연은 너희들이 부르는 노랫소리로 자신의 모습을 드러낸다 말하지만, 자연의 지혜가 무르익는 건 우리들의 노랫소리를 통해서이지'라고 이야기한다. (…)" "영원히 사라지지 않을 귀뚜라미들은 이처럼 풀의 뿌리에 숨어 노래한다. 굳이 집을 세워 올릴 필요가 없는 하늘이 그들이 있는 곳이다. 5월이든 11월이든 변함없이 온건하고 차분한 그들의 노래는 꼭 산문시처럼 분명하다. 그들은 오직 이슬로 된 술만 마셨다. 그들의 노래는 알을 품는 때가 지나면 잠잠해지는 덧없는 사랑 노래가 아니다. 그들이 노래하는 것은 신의 영광이며 기쁨이다.9" 미쉘 그랑제Michel Granger 역시 소로가 모기의 앵앵거림에서 어떠한 우주적 질서를 맛보았다고 역설한다. 반면 소로는 풀에 사는 또 다른 어떤 벌레에 대해 이야기할 때 그 어조를 완전히 바꾼다. 소로는 특유의 유머 감각을 담아 이렇게 썼다. "나는 윙윙거리며 엄청 서둘러 날아가는 뒝벌에게 자신이 뭘 하고 있는 것인지는 아는지 묻고 싶다.[10]"

앞선 장들만 봐도 "숭고한 것은 아래에 있다"고 말한 빅토르 위고가 풀의 작은 세계에 무관심할 수 없었을 거라는 생각이 든다. 《관조시집》과 편지에서 나타나듯이 그는 이 작은 세계가 위쪽 세계만큼이나 거대하다는 것을 이미 알고 있었다. 하지만 풀밭에 우글거리는 것들을 관찰하자 서로 완전히 다른 두 가지 감정이 새로이 위고를 사로잡았다. 무엇보다 풀의 작은 세계 속에서 식물이 동물의 모습으로 변하는 것 같은 인상을 끊임없이 받았다. 1837년 그가 부인에게 쓴 편지에 이런 구절이 나온다. "풀잎이 살아 움직여 달아나는 모습이 한 마리 도마뱀 같구려. 갈대가 흔들리며 물을 가로지르는 모습은 꼭 한 마리 뱀장어 같소. (…) 알록달록한 씨앗에 날개를 달아주면 잔은 파리들이 따로 없을 거요. (…) 꽃은 날아올라 나비가 되는구려." 빅토르 위고는 이처럼 일련의 실감나는 변신을 길게 풀어냈다.[11] 뒤에서 빅토르 위고가 풀을 관조하며 느낀 또 다른 일련의 감정에 대해 다시 살펴볼 것이다. 풀밭에서 벌어지는 여러 전쟁들을 발견하고 일어난 감정들 말이다.

이폴리트 텐 역시 피레네 지방을 여행하던 중 풀벌레에게 아주 가까이 다가가 눈을 크게 뜨고 바라본 적이 있었는데, 이것은 어릴 때 했던 놀이들이 떠올라서 재미삼아 해본 것이었다. 윤기가 흐르는 풀이 무성하게 자란 풀숲에 누우면 "이름 모를 벌레들이 빽빽이 자란 잔디를 건너가려고 낑낑대거나 복잡하게 얽힌 줄기 사이를 오르락내리락하는 모습을" 좇을 수 있다. 뒤로 가면 이런 고백도 나온다. "나는 조약돌들 사이를 따라 큰 파리 사체를 끌고 가는 개미 떼의 모습을 꼬박 한 시간 동안 지켜보았다.[12]"

모파상 역시 소싯적에 풀의 작은 세계를 관조하는 데 빠져 있었다. 꽃을 받치는 기다란 줄기들 위에 "땅딸막하거나 길쭉한, 때론 구조가 특이하기도 하며, 아니면 끔찍하게 크거나 혹은 그 반대로 아주 작은 것 등등 갖가지 모습과 갖가지 색깔을 지닌 벌레들이 자기들 무게에 휘어진 풀잎들을 얌전히 타고 올라갔다.[13]" 엘리제 르클뤼는 샘물이 다시 솟아오르자 잔디 아래 숨어 있던 벌레들도 똑같이 솟아올랐다고 이야기했다. "무한히 작은 세계"의 모든 구성원들도 샘물이 깨어나기를 기다렸다가 스스로 "되살아난" 것이다.

이러한 관점은 소설 작품 안에서도 찾아볼 수 있다. 《무레 사제의 과오》에 등장하는 세르주의 모습을 한번 살펴보자. 세르주와 알빈은 초원에서 즐거운 시간을 보낸다. 알빈이 청개구리를 잡으러 다니는 동안 세르주는 마른 돌멩이로 귀뚜라미들을 땅

속 집에서 끄집어내거나 매미의 배를 간질여 "노래를 부르게 하기도 하고", 파랑, 분홍, 노랑 빛깔 벌레들을 한데 모아다가 소맷자락에 차례로 올리며 놀기도 했다.[14]

지오노는 《소생》에서 뱀이 움직이는 모습을 묘사해 놓았다. "작은 초원에서 풀이 일렁이고 있었다." "그건 새 옷을 입은 뱀이 민첩하게 기어가고 있었기 때문이다. 초원의 가장자리에 이르자 뱀이 뒤돌아 봤다. 뱀은 푸른 초원을 온몸으로 헤엄치며 다니는 일 외에 다른 할 일이라곤 없는 것 같았다.[15]"

다음으로 쿠퍼 포이스 소설의 주인공 울프 솔런트를 다시 불러보자. 자신의 두 연인 게르다와 크리스티 사이에서 고민하던 그는 한 벌레에게 선택을 맡긴다. 그는 무릎을 꿇고 고개를 숙여 아주 작은 딱정벌레 한 마리가 풀잎을 따라 기어오르는 모습을 바라보았다. 딱정벌레가 오를 때마다 풀잎이 점점 휘어졌다. "이 딱정벌레가 줄기 끝까지 올라간다면, 나는 게르다(그의 부인)를 떠나 크리스티에게 가는 거야. (…) 그 뒤에 그는 고개를 더 깊이 숙여 풀잎에 앉은 딱정벌레만 눈 안에 담고서는 결국 이 미친 짓을 저지르면 무슨 일이 벌어질지를 상상하기 시작했다.[16]"

풀이 짓밟히고, 그로 인해 작은 세계가 파괴되었을 때 느끼는 감정은 우리가 살펴보는 문학 자료에 반복해서 등장한다. 베르테르는 자연을 향한 자신의 감각이 풀잎까지 뻗쳤을 때만큼 행복한 순간은 없었다고 털어놓는다. 그렇기 때문에 그는 풀밭을 걷는 일을 유감스럽게 생각할 수밖에 없었다. "당신이 제아무리 별 뜻 없이 산책한다 해도 그로 인해 수많은 가여운 벌레들이 목숨을 잃고, 당신이 내딛는 단 한 걸음만으로도 개미들이 공들여 세워놓은 것이 무너질 수 있으며, 그들의 작은 세계가 짓밟혀 무참히 최후를 맞이하기[17]" 때문이다. 적어도 그 순간만큼은 인간이 탐욕스런 괴물이 되고 마는 것이다. 미셸 들롱Michel Delon은 이 구절을 풀이하며 이것이 얼마나 큰 의미를 지니는지를 강조했다. 18세기 말 괴테가 풀밭에 가득한 벌레들이 비통하게 짓밟히는 모습을 상상력 넘치게 그려낸 뒤로, 당시 사람들에게 잘 알려지지 않은 식물의 가치를 찾으려고 애썼던 자연주의자와 몽상가, 신학자들도 비로소 벌레들에 관심을 기울이게 되었다. 한 세기 뒤에 엘리제 르클뤼는 이와 유사한 관심과 유감을 내비친다. 그는 이렇게 썼다. "나는 내 육중한 몸뚱이를 풀밭에 뉘이며 무한히 작은 세계들을 완전히 무너뜨리고 말았다.[18]"

하지만 풀 속 깊은 곳의 생명들이 겪는 참사 혹은 끔찍한 일이 꼭 이런 유형의 사고에서만 비롯되는 것은 아니다. 빅토르 위고의 상상 속에서는 얼핏 보기에 인간보다 신과 더 가까이 지내는 듯한 생물들이 살아가는 풀의 작은 세계 또한 "번식을 향한 깊은 열망"에서 비롯된 무자비한 전쟁터였다. 아무도 모르게 끊임없이 싸움이 일어나고 있었던 것이다. 빅토르 위고는 "풀의 소소한 비극과 벌레들 간의 싸움, 개미집의 대참사"를 "이 모든 생물들의 차분하고 조화로우며 완만히 계속되는 일"과 대비시켜 꼬집었다. 그리고 그는 물에 젖은 가엾은 됫벌의 운명을 불쌍히 여겼다. "노랗고 까만 줄무늬 벨벳 옷을 입은" 됫벌은 가시가 난 가지를 힘겹게 따라 올라갔다. 떼를 지어 다니는 각다귀들이 햇빛을 가리는 것도 모자라, "그리스 신화 속 거대한 비단뱀을 닮은 지렁이가" 작은 물웅덩이 근처에서 똬리를 틀고 있었다.[19]

프랑수아즈 슈네 Françoise Chenet는 빅토르 위고의 이러한 시각을 언급하며 앞서 살펴본 몇몇 벌레들의 불행한 운명뿐만 아니라 풀잎 위의 무자비한 전쟁도 들여다봐야 한다고 강조했다.[20]

그는 이렇게 썼다. "봄철에 무성히 자란 풀밭에서 끔찍한 비극이 일어나는 것을 본 적이 있는가? 아직은 어린, 가엾은 5월의 풍뎅이가 날아올라 파닥거리며 윙윙거렸다. (…) 일주일이 지난 어느 날 밤, 풍뎅이는 백 살 늙은이가 되어 있다. (…) 그때 갑자기 어느 풀잎 주변에서 괴물이 나타나 풍뎅이를 덮치면, (…) 초록빛과 주홍빛으로 반짝거리는 또 다른 풍뎅이 무리가 날쌔게 달려 나와 발톱을 세운다. 이것은 투구를 쓰고 갑옷을 입어 전투 태세를 갖춘 벌레이다. 풀의 기사인 셈이다.[21]" "그렇지만 다시 태양이 비추면 풀은 초록빛을 되찾고 전사들은 온화해진다."

프랑수아즈 슈네는 이 원문을 주해하며, 빅토르 위고는 인간이 풀잎과 유사한 존재이고, 초원의 비극은 그것의 심각성 정도를 떠나, "때론 비극적으로—죽음—때론 목가적으로" 풀잎의 운명을 따라다닌다고 여겼다는 점을 간파했다. 이에 덧붙여 빅토르 위고는 《내면의 목소리》에서 풀밭에 검은 버섯 같은 기이한 괴물들이 있다고 강조하는가 하면, 《관조시집》에서 베르길리우스를 언급하며 어두운 풀밭에는 거대한 유령들이 숨어 있다고도 말했다.

아주 작은 것에 관심을 기울이는 것, 달리 말해 감성에 관한 나노 역사라고도 할 수 있는 것들이 이번 책 내용의 바탕이 된다. 따라서 이 책에서 풀잎은 첫머리에 인용해 놓은 귀스타브 플로베르의 희망에 부합하는 방식으로 자신의 존재 가치를 알리고 있다. 지금부터는 이전까지와는 전혀 다른 형태의 자료들을 살펴보려 한다. 이것들은 풀의 역사를 이해하는 데 빠뜨려서는 안 될 중요한 자료들이다. 앞서 띄엄띄엄 단편적으로 살펴본 전원시와 목가적인 것이 불러일으키는 모든 감정들에 대해서 보다 자세히 살펴볼 것이다.

제 7 장

꿈결보다
감미로운 풀

(르콩트 드 릴)

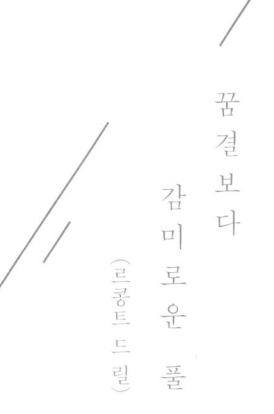

꿈결보다 감미로운 풀
(르콩트 드 릴)

드디어 목가적인 감정들과 전원시에 대해 역사적으로 되돌아볼 때가 왔다. 서양 문학 작품 속에서 핵심적인 자리를 차지하고 있는 식물과 수생 생물, 목동과 그들의 양 떼에 대해서 말이다.

우리가 목가적이라고 규정짓는 감정들과 전원시 장르는 문학 작품 속에서 수 세기에 걸쳐 주기적으로 그 형태가 조금씩 바뀌어왔다. 말라르메의 작품에서도 폴 발레리Paul Valery의 작품에서도 그것들을 찾아볼 수 있다. 오늘날의 작품에서도 여전히 이러한 감정들을 향한 그리움의 기색이 눈에 띈다. 하지만 그러한 작품들을 차례로 일일이 나열하는 것이 이 책의 목적이 아닌 만큼, 여기서는 시대별로 풀에 관한 감정을 결정지은 몇 가지 핵심 요소들만 살펴보려 한다. 우선 테오크리토스의 《목가》에서는 두 곳의 아르카디아*와 목신 판Pan을 빼놓을 수 없으며, 베르길리우스의 **로쿠스 아모이누스**와 황금기에 대한 향수 또한 핵심 요소이다.

목가의 탄생 이전에 아르카디아적인 상상이 앞섰다. 아르카디아는 목신의 보호를 받는 관능적이고 거친 목동들의 세계이다. 문화적으로 가공된 공간이자, 야생적이면서도 문명화된 목동들의 시 안에서만 존재하는 상상 속 사회이다. 반인반수이며[1], 피리 소리에 온화함을 되찾는 목신 판의 이미지를 본 딴 아르카디아는 성질이 상반된 두 곳이 있다. 거친 것과 매끈한 것, 어두운 것과 밝은 것, 요컨대 서로 다른 여러 종류의 인간들이 만들어내는 감정들을 이해하는 데 꼭 필요한 이중성[2]을 상징한다. 이러한 이중성은 오늘날 잔디를 풀이 완전한 자유를 누리는 뜰과, 청남색빛 푸른 잔디를 자연 그대로의 푸른 들판과 대조하는 것의 근간이 되며, 아울러 고상한 격식과 조화로움을 무질서를 불러오는 자유와 대조하는 것의 토대가 된다. 풀 위에서의 여름 콘서트는 아르카디아적인 행위이다. 이것은 목가적 행복감으로 물든 장면을 연출한다. 하지만 또 다른 시각에서 보면 원시적 야만성

---

* 그리스 펠로폰네소스 반도에 있는 지역 이름이며 축복과 풍요의 낙원을 상징한다.

역시 눈에 띈다.

야만적이고 풍요의 신이자 양 떼를 보호하는 신인 판은 고대 로마의 루페르쿠스 신과 파우누스 신과 동일시되며 염소들과 교미하는 존재이다. 사이먼 샤마Simon Schama는 이렇게 썼다. "털이 북슬북슬한 엉덩이와 여러 갈래로 갈라진 발굽은 그의 타고난 야만성을 드러냈다.[3]" 헤르메스와 님프 드리오페의 아들인 판은 교미할 상대를 붙잡지 못하면 자위를 했는데, 안타깝게도 님프의 마음을 얻는 일은 거의 없었다. 필립 보르조Philippe Borgeaud와 자크 브로스Jacques Brosse는 판의 모습을 명확히 그려내려 애썼다. 판의 피리, 시링크스의 존재는 그의 야만성을 다소나마 순화시켰다. 판이 시링크스라는 이름의 님프를 쫓아다니자, 이 님프는 그에게 자신을 갈대로 변하게 해달라고 간청했다. 님프의 소원은 이루어져, 그녀는 갈대가 되었다. 그리고 판은 그 갈대로 목신의 피리 혹은 시링크스를 만들었다. 또한 판이 겁을 줄 때가 있는데, 여기서 두려움panic이라는 단어가 나왔다. 고립된 공간에서 판 신이 붙어, 그의 야만적 성과 기원적 힘에 사로잡혔다는 생각이 들며 급작스럽고 저항할 수 없는 공포를 느끼는 것을 "패닉" 상태라고 한다.[4]

여기서 말하는 아르카디아는 목가 장르의 진정한 창시자인 테오크리토스의 《목가》에 묘사된 장소가 아니다. 판 신을 따르는 관능적이고 야만적인 목자들이 (여기에서는) 시칠리아와 그리스의 섬들, 이탈리아 남부의 목자들에게 영감을 받은 양 떼를 지키는 목동들이 되었다. 장난기 넘치고 세련된 감각의 우아함이 잘 드러나는 인물들 말이다. 알랭 블랑샤르Alain Blanchard는 목가적인 삶이란 "인간의 유년기이자 진정한 열정이며 도시의 가식이 없는 것⁵"이라 말했다. 이러한 목자들은 그리스 신화 속 목동인 다프니스처럼 시인이자 음악가였다. 그들은 벌레들이 윙윙거리고 새들이 지저귀는 곳에서 살았다. 그리고 그곳에서 판 신과 수많은 님프들도 만날 수 있었다. 목동 라콘은 스스로 "자리를 잘 잡았다고" 생각하며 노래한다. "시원한 물이 똑똑 떨어지고, 한쪽에는 잔디와 나뭇잎 침대도 보이고, 찌르르거리는 메뚜기 소리도 들리네." 그러자 코마타스가 맞받아친다.

"내가 기르는 염소들은

토끼풀과 개자리속을 먹고

유향나무를 밟고 다니며

소귀나무 아래에서 잠을 청하네."

《목가》의 목자들은 저마다 시링크스와 즐거운 시간을 누리며 굵직한 주제들에 다가선다. 사랑과 일뿐만 아니라 우리가 다루고자 하는 것들과 보다 잘 들어맞는 다른 주제들까지도 말이다. 메날카스는 노래한다. "이것은 봄 그 자체이며, 목초지이며, 젖이다. (…)" 뒤로 가면 다음과 같은 구절도 나온다. "어미 양들이여, 주저하지 마라. 부드러운 풀이니, 마음껏 먹어라. 풀은 또 다시 자랄 테니 염려 말아라. 자! 어서 풀을 뜯어 먹어라.⁶"

풀의 감성을 다룬 고대 그리스 문학에는 또 다른 증언들이 등장한다. 마르셀 프루스트는 존 러스킨의 《아미앵의 성서》를 번역하며 썼던 서문에서 호메로스가 《오디세이》 제6편에서 "푸른 초원 한가운데에 맑은 샘물이 흐르는 키 큰 포플러나무들이 자란 멋진 숲⁷"을 언급한 부분이 있다고 더 구체적으로 말했다.

테오크리토스가 말하길, 중요한 것은 고대 그리스 목가를 베르길리우스풍의 전원시와 1세기 라틴시에 빠지지 않고 등장하는 로쿠스 아모이누스의 형태로 재조정하는 것이라고 했다. 그런데 여기에서 분명히 짚고 넘어가야 하는 부분이 있다. 로쿠스 아모이누스와 그곳에 있는 샘물, 잔디, 꿀벌, 나무, 새들은 실재하는 것이 아니라는 점이다. 그것들은 상상하며 표현한 것이다. 이브 본느프와는 이러한 것들이 "지상 어딘가에 실제로 존재하는 것은 아니다. 하지만 간단히 마음속에 그려볼 수 있는 상징들"이라고 말했다. 즉, 몽상이 이루어지는 어딘가에 자리 잡고 있는 것들이란 말이다. 또한 이러한 것들은 "황홀한 생각"에서 비롯된 "거친 현실에 대한 부정"과도 같다. 그리고 어딘가에서 언급되는 순간, 이들은 이제 대상이 아닌, 존재 그 자체가 된다. 이때부터 나무와 풀밭은 "여름 방목장에 맺힌 이슬처럼 더욱 짙고 영롱한 푸르름을 띠게 된다.[8]"

베르길리우스의 《전원시》에서 이러한 주제를 묘사하는 텍스트를 모두 인용하려면 끝이 없을 것이다. 그러니 짧은 구절 몇 개만 예로 들어보자. 팔레몬이 외친다. "노래를 불러라! 부드러운 풀밭에 앉은 당신 앞에 펼쳐진/ 들판이 온통 푸르고, 나무마다 싹이 움트고 있으니/ 일 년 중 가장 아름다운 때가 아니겠는가.[9]" 또한 호라티우스Horatius는 이렇게 썼다.[10] "살찐 어미 양들을 지키는 목동들이/ 부드러운 풀밭에서 갈피리를 부네."

한편 르네상스 시대에는 고대의 로쿠스 아모이누스를 여전히 찬양함과 동시에 또 다시 어느 정도 수정을 시도했다. 베니스에서는 15세기 말부터, 로마에서는 1600년경에, 고대 로마 사회 때 여가라는 의미로 쓰인 **오티엄** Otium의 형태가 다시 나타나면서 로쿠스 아모이누스를 향한 향수를 불러일으켰다. 그렇다 보니 특히 로쿠스 아모이누스와 에덴동산의 기독교적 공헌들로 주로 구성된 전원화가 많이 등장했다. 대표작으로 조르조네Giorgione의 〈전원의 합주〉(그림 3)와 뒤이어 탄생한 티치아노Tiziano의 여러 작품들을 꼽을 수 있다.[11] 이러한 경향은 1502년에 베니스에서 사나자로Sannazaro가 쓴 시 〈아르카디아〉에서 영감을 받아 절정에 달했다.

그때부터 조형 미술 분야에 "자연의 풍요로운 아름다움이 그대로 발현[12]"된 것 같은 여성 누드가 많이 등장했다. 님프와 사티로스, 음악을 사랑하는 목동들이 목가적인 풍경 안에서 사랑을 나누는 에피소드를 통해 관능미를 화폭 위에서 한껏 드러냈다. 서사시와 소설도 이러한 풍조를 드러냈다. 예컨대 타소Tasso의 《해방된 예루살렘》에서 아르미드의 쾌락의 정원을 묘사해 놓은 부분이 이를 잘 보여준다. "풀이 무성하게 자란 초원과 맑고 신선한 물, 잡다하게 뒤섞인 풀", "풀밭에서" 평온히 잠자는 모습은 고대의 전형을 그대로 이어받았다.[13] 앞서 이미 인용한 아리오스토의 서사시 《성난 롤랑》 또한 이러한 풍조를 잘 보여준다.

이쯤에서 당시 큰 인기를 누렸던 사나자로의 작품을 다시 살펴보자. 실제로 그의 작품은 16세기에 가장 많이 사랑을 받은 책 중의 하나이기도 하다. 사나자로의 작품 프랑스어 번역본 최신판의 서문을 집필한 이브 본느프와는 목가가 시에 관한 고찰을 더욱 더 자극했다고 말했다. 이 작품에 등장하는 풀밭과 숲, 염소들은 아주 자연스럽지는 않지만 그렇다고 해서 가공적으로 느껴지지도 않는, 마침내 꿈에서 해방된 현실의 모습들이나 다름없다. 이처럼 새롭게 수정된 아르카디아에 관한 의견은 분분하고, 이 작품에 관한 해석도 다양하다.

이 작품 속에는 우리를 상상 속 풀의 세계로 이끄는 구절들이 몇 군데 더 있다. 사나자로는 "서문"에서 "푸르른 풀들로 (…) 에 워싸인 샘물이 화려한 대리석과 황금으로 만든 샘물보다 정말로 더 멋진 매력을 지녔는지를 의심하는[14]" 자에게 야유를 보낸다. 목가 제1편에는 아르카디아의 한 장소를 묘사한 부분이 나온다. "아주 유쾌한 광장 같다. 면적이 넓진 않지만 가느다랗고 짙은 초록빛 풀이 아주 잘 자라 있다. 장난꾸러기 양들이 게걸스럽게 풀을 뜯어먹지만 않는다면 이곳에서는 항시 푸르름을 발견할 수 있다. 이곳의 풀잎 중에는 축 처져 있는 것을 찾아보기 힘들다.[15]" 목가 제10편에는 이런 구절도 나온다. "지상에 풀이 있다면 천상에는 별이 있다. (…)" 앞서 위고의 문장에서 이미 언급된 표현과 같다.[16]

프랑스 시인들은 아르카디아의 풍조를 쉽게 따랐다. 롱사르의 《목가》에서 그런 점이 잘 드러난다. 이곳에는 수많은 "양 떼들"과 명백히 베르길리우스적인 목가들이 등장한다. 다음의 예 이외에도 인용할 부분이 무수히 많다.

> "우리의 황소들은 그늘에 앉아 목동의 선창을 들으며
> 신선한 풀을 되새김질하고
> 다른 목동들은 황금기가 다시 찾아오려는 듯
> 노래를 따라하고 춤추며 피리를 부르리.[17]"

오노레 뒤르페 Honoré d'Urfé 의 전원시극 《라스트레》의 몇몇 장면에서도 이러한 모습이 뚜렷이 잘 드러난다. 이 작품은 17세

기 초엽(1607년, 1628년)에 상당한 인기를 구가하며 전원시 열풍을 다시금 일으켰다. 목동들은 물에 빠져 죽었을 것이라 생각한 셀라돈을 찾아다니다가 풀이 전혀 짓밟히지 않은 채로 있는 외진 곳을 발견한다. 푸르름의 전당 입구 앞쪽으로 "작은 풀밭이 하나 있는데, (…) 이 풀밭은 삼면이 완전히 숲으로 에워싸여 있어, 그 안으로 들어서야지만 풀밭의 존재를 알아차릴 수 있었다. 아름다운 샘물 한 줄기가 (…) 삼면 중 한 면을 따라 굽이쳐 흐르고, 이 샘물이 풀밭에 계속 물을 대준 덕분에 신선한 풀이 빽빽이 자라 이곳을 아주 쾌적하게 만들어주고 있었다.[18]"

1760년대부터 목가적인 열풍이 프랑스를 휩쓸었다. 이러한 열풍은 자연, 특히 식물을 속박하는 대신 그들에게 자유를 주고픈 욕망이 표현된 것이라 할 수 있다. 그래서 니콜라 르 카뮈 드 메지에르Nicolas Le Camus de Mézières는 샹티이의 마을을 신新 아르카디아처럼 생각했다. "항상 푸르른 잔디밭 한가운데, 소박한 모습으로 서 있는 초가지붕 집 일곱 채가 있다.[19]" 정원사들은 소박함을 자아내는 아름다운 풀밭에 억지로 꾸밈을 더하는 것은 무지한 일이라 생각했다. 그러면서 자연스레 식물들의 권리를 내세웠다. 메이슨Mason은 이렇게 썼다. "모든 식물은 자유 정부 체제 아래 태어난 민중과 마찬가지로 태어나면서부터 자신의 권리를 누릴 자격을 갖는다.[20]"

《백과전서》에서 "풍경"이라는 항목을 찾으면, "목가적 혹은 전원적 양식"과 "서사시적 양식"을 대조하고 있다. 첫 번째로 나오는 설명은 이러하다. "(그곳의) 자연은 아주 소박한 모습을 하고 있으며, (…) 양 떼를 치는 목동들과 (…) 저 멀리 초원이 보인다." 바로 이 즈음에 베르나르댕 드 생 피에르가 《아르카디아》를 출간했으며, 잘로몬 게스너Salomon Gessner의 《목가》가 그 방대한 내용에도 불구하고 위세를 떨치기 시작했다. 이 두 작품의 출간은 사실상 전원시의 역사에 있어 전환점이 되었다. 전원생활 예찬자인 작가는 자신의 작품에 선량하고 친절하며 건장한 스위스인 목동을 등장시킨다. 이 아르카디아에는 완전한 자유와 평온한 즐거움이 널리 퍼져 있다. 그곳에는 목가의 전형을 이어받아 풀밭에서의 휴식을 열망하는 사람들이 있다. 근심을 잊고 흥분을 잠재우며 평화와 순수한 쾌락을 찾는 일의 전조가 되는 휴식 말이다.[21]

고대 전원시는 세간에서는 사라졌다고 했지만 19세기에도 계속해서 여전히 남아 있었다. 뒤에서 고대 전원시가 그토록 찬양했던 동물들에 대한 묘사가 주는 감정들에 대해 살펴볼 것이다. 여기에서는 간단히 한 구절만 먼저 살펴보려 한다. 특별히 의미 있는 구절이기 때문이다. 르콩트 드 릴의 《고대시집》에 나오는 모든 시선에는 이러한 풀밭에서의 휴식을 향한 열망이 배어들어 있다. 뒤파르크Duparc가 노래를 붙인 릴의 시 〈피딜레〉의 휴식은 오늘날까지도 회자되고 있다. 한번 읽어보자.

> "이끼 낀 샘물 지나가는 언덕길에
> 싱그런 포플러 밑 햇살 비친 고운 풀밭 (…)
> 오 피딜레여! 이곳에서 쉬어 가거라 (…)
> 변덕쟁이 꿀벌들만 토끼풀, 백리향 잎 맴돌며
> 따사론 햇살 아래 노래하고 있구나."

이번에는 〈6월〉이라는 제목의 시를 읽어보자.

> "풀밭에는 푸르고 습한 풀 향기 풍겨나고 (…)
> 잔디밭엔 조화로운 합창소리 넘쳐나네."

다음은 1864년에 발표된 〈덧없는 별들〉의 한 구절이다.

> "풀과 물이 내는
> 이 어수선하고 허물없는 웅얼거림 말고는
> 모든 것이 잠들었네……[22]"

그런데 이러한 무의지적 기억 혹은 회상은 오늘날 염소나 양, 황소, 암소의 기쁨을 표현할 때 더욱 더 명확히 드러난다. 왜냐하면 이제는 우리가 이러한 동물들에게 그들을 지키는 사람들이 느끼는 것들과 같은 감정들을 서슴없이 느끼게 되었기 때문이다.

동물들이 풀밭에서 느끼는 기쁨과 행복은 영감의 원천이 된다. 이러한 감정은 고대 테오크리토스와 베르길리우스의 작품들에서 자주 등장한다. 테오크리토스의 《목가》 중 짧은 전원시 제4편에서 **시미시다스**Simichidas가 봄을 사랑하는 염소들에 대해 이야기하고, 뒤에서는 여름 향기가 짙어질수록 커지는 황새들의 기쁨과 함께 종달새와 멧비둘기, 꿀벌들의 행복도 노래한다.[23] 베르길리우스 역시 《게오르기카》 제4권에서 꿀벌들의 행복과 "알록달록한 들판에서 평화로이 풀을 밟고 노는[24]" 암송아지들의 행복을 시구로 표현했다. 올리비에 드 세르는 17세기 초엽에 특정한 환경에서 이루어지는 동물들의 행복과 그들의 기쁨을 이야기했다. 몇몇 구절을 예로 들어보자. 목동이 세 달 동안 산에서 양 떼를 몰 때, "방목하는 장소를 바꿔주면" 동물들의 발육에 도움이 되고, 동물들도 "기꺼이" 이동한다. 양 떼는 "신선한 공기와 물, 좋은 풀을 즐기며 기쁨과 쾌활함을 되찾는다.[25]" 나중에 밀턴도 지상낙원에 사는 동물들의 행복을 찬양했으며, 19세기에는 레오파르디가 "행복한 초목"이 새들에게 가져다주는 행복을 이야기했다.

그런데 지금 우리가 논하는 관점에서 살펴봐야 할 부분은 염소, 양, 황소, 암소와 같은 동물들의 모습을 바라볼 때 일어나는 환희의 감정, 그리고 그들과 풀이 조화롭게 어울리는 모습이다.

수많은 작가들이 이러한 장면들을 부각시키며 그 순간 작가 스스로 느낀 감동을 표현하고자 했다. 필립 자코테는 어느 양 떼가 만들어낸 풍경을 묘사하며 깊은 고찰을 하기에 이르렀다. 그는 우선 양 떼들과 무성한 풀들이 서로 만들어낸 조화를 역설하며 자문했다. "도대체 무엇이 이러한 금수들에게 무성한 풀과 이토록 완벽한 조화를 이루도록 하는 것일까? (…)" 뒤로 가면 그가 이처럼 길들여진 온순한 금수들에게서 환영을 보는 장면이 나온다. "마치 그들의 매캐한 냄새 안에서 야곱과 율리시스가 모습을 드러내 우리를 응시하는 것만 같았다." 하지만 그는 곧바로 고쳐 말한다. "초록빛과 황금빛을 오가는 초원에서 (…) 서로 밀담을 나누고 있는 것이 아닐까. (…)" 이 금수들은 "다 같이 모여 나지막이 '풀', '땅', '목장' 같은 단어들을 읊조리느라 바빠 보인다. 아니면 '무한한 평화', '최고의 평화'를 읊조리는 것일 테지.²⁶"

이번에는 고대 전원 풍경에 등장하는 동물들을 의인법을 사용해 즐겨 표현한 작품들을 살펴보자. 우선 흔히 볼 수 있는 것은 바로 풀밭에서 황홀경에 빠진 염소를 그려낸 장면들이다. 이런 장면들은 이미 앞에서 살펴본 바 있다.

작품 속에서 가장 자주 반복적으로 등장하는 동물들은 바로 황소와 암소, 암송아지이다. 1788년에 퐁탄Fontanes은 소들이 저녁마다 쟁기를 풀고 외양간으로 돌아오는 모습을 묘사했다. "그들의 소리 없는 울음이 들판을 떠다니네.[27]" 얼마 지나지 않아 빅토르 위고는 《관조시집》에서 이번에도 베르길리우스로부터 영감을 받아 "무성히 자란 풀과 함께 저녁마다 소리 내어 우는" 붉은 황소를 묘사했다. 이러한 장면은 빅토르 위고의 시에서 반복적으로 등장한다. 그는 동일한 시집에서 들판에 있는 붉은 황소를 노래한다.

"백리향 잎을 뜯어 먹는 (…)
커다란 바위, 작은 꽃들과 수다 떠는
수수하고 조용한 야생의 존재
흐느끼는 샘물들과 작은 골짜기들 틈에서
밟힌 적 없는 풀에 붉은 코끝을 가져다 대네.[28]"

빅토르 위고가 쓴 서신과 여행기에는 동물 무리의 모습을 가만히 지켜보았다는 내용이 여러 차례 나온다. 위고는 어느 화창한 날 쇼퐁텐과 베르비에 사이에서 "어여쁜 암송아지들이 서너 마리씩 무리지어 푸르른 풀밭의 그늘진 곳에 누워 은혜로이 쉬고 있는 모습을[29]" 응시했다고 이야기한다. 동시대에 로자 보뇌르Rosa Bonheur 와 쥘 뒤프레Jules Dupré, 도비니Daubigny 는 이러한 모습들을 끊임없이 회화 작품으로 표현했다. 1837년, 빅토르 위고는 부인에게 보내는 편지에서 "키 큰 포플러나무들 사이로 비치는 따사로운 햇살을 받으며 사색에 잠긴 암소들이 풀이 빼곡한 풀밭에 머물고 있는 솜므 강가의 행복한 초원[30] "을 찬양했다.

조금 뒤에 르콩트 드 릴은 앞서 이야기했듯이, 전원 풍경 속 동물들을 다양하게 언급했다. 그가 〈히아신스의 보살핌〉에서 묘사한 구절을 살펴보자.

"비옥한 벌판과 목장의 왕이로구나.
느릿한 힘으로 가득 찬 그는 울부짖으며
자줏빛 동료들을 목장을 가로지르며 이끌고
초원에서 즐기는 자유로운 시절을 기뻐하네."

그가 풀을 배불리 뜯어 먹고 나니, 나무들의 감미로운 그림자가 느껴진다.

"그에게 히아신스와 이끼로 만든 넓은 침대를 선사해주고
그는 잠든 강가에 조물주처럼 누워
평화로이 되새김질하고 반쯤 눈을 감는다."

르콩트 드 릴은 〈6월〉에서 "초원의 혈기왕성한 왕", 울부짖는 황소를 언급하고, 〈정오〉에서는 이렇게 묘사한다.

"여기 가까이에 흰 소 몇 마리가 풀숲에 누워
끊임없이 몽상을 즐기네.³¹"

    1856년 10월에는 소로가 놀라운 일을 기획했다. 바로 단순하고 평범한 것들에서 기쁨을 취하는 일이었다. 그는 "소들이 초원을 오가는 모습을 좀 더 면밀히 관찰하여(모두 한 방향으로 느릿느릿하게 움직이는 소들), 소들이 지나는 길을 지도에 상세히 그려 보고, 유럽이나 아시아에 직접 건너가서 그곳의 소들이 오가는 모습도 지도에다가 표시해보고 싶다³²"고 적었다. 쿠퍼 포이스의 《글래스톤베리 로맨스》에 등장하는 사촌지간인 메리와 존은 보트놀이를 하고 돌아오면서 한 시골마을을 발견했다. "이따금 노퍽Norfolk 소 몇 마리가 눈에 띄었다. 뿔이 없고 밤색과 흰색 털에 큰 젖이 달린 소가 고개를 숙이고 있었다. 보트가 지나는 길에 보이는 소들은 어느 신의 아주 오래된 꿈이 평온한 방목지에서 **위엄 있는 가축의** 모습으로 나타난 듯했고, **마법에 걸린 듯 신에게 절대 복종하는 듯한** 분위기를 만들어 냈다.³³"

    20세기 중반에는 《특성 없는 남자》의 울리히가 시골을 산책하다 자신의 감정을 서서히 드러낸다. 그는 생각했다. "이곳에서는 모든 것이 아주 단순해지는구나! 감정들은 누그러지고, 이런저런 생각들이 궂은 날씨 뒤에 보이는 구름들처럼 조각조각 떨어져 나오는 듯하다. 그러다가 영혼은 어느새 청명하고 푸른 하늘을 되찾게 되겠지! 지금 소 한 마리가 이 하늘을 마주보며 길가를 돌아다니는구나. 저 모습이 너무 강렬해서 이 세상에 마치 그것만 있는 것 같다!"[34]

1959년 8월에는 나 역시 유사한 감정을 느꼈다. 어느 여름날, 아침 일찍 일어나 프랑스에서 가장 빽빽이 우거진 노르망디 지방 특유의 보카주에 펼쳐진 초원을 따라 4킬로미터 정도를 걸은 뒤, 친구와 만나기로 약속한 그랑빌까지 가는 시외버스를 기다렸다. 그때 소 한 마리가 다가오는 모습을 보고 나는 초원의 울타리에 몸을 기대었다. 나는 15분 동안 이 육중하고 고요한 존재에 온 신경을 기울이게 되었다. 소와 내가 서로 시선을 고정한 채 마주한 순간은 정말 잊을 수가 없다.

오늘날에도 도미니크 루이즈 펠레그랭이 "가벼우면서도 영원한 기쁨[35]"이라고 규정지은 전원 풍경이 은밀히 남아 있다. 필립 자코테는 특히 "잃어버렸다가 되찾은 아르카디아"에서 이러한 감정을 다시 느끼고 글로 옮겼다. 그는 아르카디아를 향한 찬가로 시작해, "천국의 이미지들을 만들어낼 줄 아는 시대의 매력"을 계속해서 지키고 싶은 욕망을 표현했다. "이 신화적 장소에서는 자연과의 친밀한 관계가 가장 고귀하고 세련된 문화 형식과 불가분의 관계에 있다.[36]"

제 8 장

풀 내음 가득한
삶의 터전

풀 내음 가득한 삶의 터전

풀 베는 작업을 하는 광경을 보면 여러 가지 감정들이 일어난다. 이러한 광경은 문학이나 회화 작품에 자주 등장해 왔다. 낫, 낫질, 풀 베어 말리기, 건초를 저장하는 일은 소설 작품의 주요한 소재가 되었다. 건초를 만들어 내는 일은 풀의 운명을 이루는 한 과정이다. 이 작업은 대체로 집단 행위인 만큼 우리가 이 책에서 다루고자 하는 바와 딱 들어맞지는 않지만 그렇다고 해서 이것에 관한 이야기를 건너뛸 수는 없다. 적어도 이 작업을 실제로 하지 않더라도 그저 바라보기만 한 사람의 마음속 감정만은 간략히 짚어볼 수 있지 않겠는가. 점차 사라져가는 이 같은 광경이 불러일으키는 향수 역시 풀의 역사에 포함시킬 수 있으리라 생각한다.

이 작업에 해당하는 여러 가지 행위들이 중세 시대의 글과 그림 작품에 많이 등장한다. "아름다운 목장"의 이미지와 화려하게 알록달록한 초원의 이미지, 목초지에 자란 다양한 종류의 풀들, 목장을 단순한 목초지와 구분 짓는 방법, 그리고 풀 베는 방법뿐만 아니라 정권과 기사, 초원 사이의 관계에 이르기까지 다양한 내용들이 중세 시대의 여러 작품에 나온다.[1] 11세기부터 15세기에 걸쳐 노르망디 지방에서의 풀과 인간의 관계를 연구한 역사가인 다니엘 피쇼Daniel Pichot는 심지어 다음과 같은 결론을 내렸다. "만물이 풀을 중심으로 돌아간다는 사실을 차치하고라도 목장과 목초지는 인간의 삶을 이해하기에 썩 괜찮은 관측소이다." 그의 연구 결과는 중세 시대에 풀이 얼마나 중요한 자리를 차지했는지를 돌아보게 만든다.[2] 코린 벡Corinne Beck은 14세기와 15세기에는 손Saône 계곡의 초원에서 풀 베는 시기의 기간이 길었으며, "처음 자란 풀"과 다시 나는 풀 사이에 베어내는 작업이 수차례 이루어졌다고 강조했다. 보통 풀을 베어 말리는 작업은 여러 단계를 거쳤다. 먼저 "풀을 베고", "베어 낸 풀을 널고 말려 긁어모아 쌓고[3]", "다발로 나눈 뒤", "수레로 운반했다." 이 같은 과정은 거의 같은 방식을 유지한 채 20세기 중반까지 이어졌다. 시대를 불문하고 이 작업을 2헥타르(약 6,000평) 너비

만큼 하기 위해서는 꼬박 하루가 걸리는 게 보통이었다.

또한 중세 시대의 글에서 풀의 작용에 관한 당시의 믿음을 볼 수 있다. 중부 피레네 산맥 지역에서는 아직까지도 이어지고 있는 믿음들이다. 특히 봄철에 나는 일부 풀들은 기운이 너무 강해서 동물들을 병들게 할 수도 있다는 이야기도 전해진다. 이른 봄에는 동물들이 이처럼 강력한 풀의 힘을 견뎌낼 만한 충분한 저항력을 아직 기르지 못했다는 것이다.[4]

인공적인 초지가 대거 나타나기 전까지는 풀이 자란 공간들을 유지하는 작업 방식이 거의 동일했다. 먼저 무성한 잡초들을 제거하고 두더지가 흙을 파며 만든 흙덩이를 허물어 "낫이 잘 들어가는" 초지를 유지하고, 낙엽들을 긁어모아 비료로 사용해 풀이 병드는 일이 없게 하며, 필요하다면 관개하여 주변에 지나는 시냇물을 초지에 쉽게 끌어 쓸 수 있도록 한다. 올리비에 드 세르는 1600년에 목초지 관리 방법을 상세히 기술했다. 그의 글에 따르면, "최상의 건초를 만들어낼 수 있는" 목초지들은 무엇보다 흐르는 물이 잘 들어오는 곳이어야 했다. 그리고 그는 "관리자"가 무엇보다 목초지의 토질을 잘 알아야 한다고 이야기했다. 실제로 "토질이 좋지 않은 땅에서는 짐승들이 좋아하는 맛좋고 신선한 풀들이 충분히 자라지 않는다". 다음으로 풀밭과 목초지에 물을 주며 "돌을 제거하고" 잡초를 뽑는다. "가시나무나 가시덤불이 자라지 못하게 하고 돌이 보이면 즉시 치워버려야 한다." 끝으로 신경 써야 하는 것은 바로 "두더지들을 내쫓는 일"이다. 더불어 "이끼와 흙덩이를 타고 자라는 덩굴식물들도" 신경 써서 제거해야 한다. 이를 위해서는 "제초제"를 뿌리는 것이 좋다.[5]

문학 작품에서 풀을 베어 말리는 작업 과정을 묘사해 놓은 부분은 많지만 그 과정을 바라보며 느끼는 감상을 이야기하는 부분은 극히 드물다. 이와 관련해서는 몇 가지 예만 살펴보고 넘어가려 한다. 이 책의 관점에서는 토끼에게 먹일 풀을 채취하는 일도 가볍게 여길 수 없다. 나는 지난 저서에서 나치 독일 점령 때 노르망디 지방의 보카주에서 이 작업이 얼마나 많이 이루어졌는지를 이야기한 적이 있다.[6] 매일 저녁마다 알랑송과 동프롱을 잇는 시외버스 기사 아저씨가 잠시 차를 세워 어느 시골 아주머니가 길 끝에 내다놓은 토끼 먹이용 풀 자루를 실었다. 어린 내 눈에는 그 풀이 감정의 보고寶庫 같았다. 매일같이 풀이 무성히 자란 강가 목초지에 풀을 따러 가야만 했을 테니 말이다. 여기서 우리가 주목해야 할 점은 가난한 자들은 길가에 자라는 풀에 만족할 수밖에 없었다는 것이다. 메마르고 양도 많지 않은 풀 말이다. 조리 카를 위스망스 Joris-Karl Huysmans의 소설 《피항지에서》에 등장하는 노린 아주머니는 르노디에르 언덕에 난 풀밭으로 향한다.[7] 매일같이 토끼에게 먹일 풀이 필요했기 때문이다.

풀을 베어 말리는 작업에서 가장 중요한 것은 단연 낫질이다. 그런데 낫질은 스스로 깨우쳐야 하며, 함께 작업하는 사람들과 속도를 잘 맞추어야 효과가 좋다. 제대로 손에 익히기가 결코 쉽지 않다. 협동심과 서로 잘 아는 사람들끼리 만들어내는 화목함은 즐거운 분위기를 조성해 생산성을 높인다. 에메 블랑Aimé Blanc은 낫질을 언급했다. 먼저 "돌 위에서 나던 쇠의 노랫소리가 멈췄다가" 낫이 날카롭게 갈렸다. 그 뒤 "서걱거리는 소리에 이어 줄기들은 바르르 떨며 긴 한숨과 함께 쓰러졌다.[8]" 장 지오노는 《영원한 기쁨》(1935)에서 이렇게 썼다. "거의 줄기 하나하나씩을 차례로 베는 작업이었다. 매 순간마다 랑둘레의 근육이란 근육은 모조리 흥분된 상태로 수축과 이완을 거듭했다. 낫을 쭉 뻗어 줄기에 걸고는 돌 위에 스치듯 지나가게 한 뒤, 날 끝을 아래로 향하게 하고는 낫을 쳐들었다가 다시 낫을 쭉 뻗어 같은 동작을 되풀이했다. 낫질마다 같은 동작을 끊임없이 반복해야 했다.[9]"

귀스타브 루는 이 모습을 보다 시적으로 표현했다. "밤새 풀을 베고 널어 말리느라 어느새 해도 져버렸네." 낫질하는 사람이 중얼거렸다. "젖은 풀 뭉치로 날을 닦아내는구나." 해가 밝은 뒤 다시금 낫질을 시작한 이들을 작가는 이렇게 묘사했다. "꽃 핀 토끼풀이 뿜어내는 달콤한 숨결이 당신의 벗은 어깨를 비단처럼 어루만지네." 좀 더 뒤로 가면 이런 구절도 나온다. "오, 야수같이 예리하게 낫질하는 사람이여, 풀밭을 온통 수놓은 만개한 꽃들이 당신의 무릎 아래에서 일렁이네. 당신이 꽃들을 베어 내니, 짙은 샐비어와 데이지, 그 옛날 내가 그토록 좋아했던 이름 모를 꽃부리들, 당신의 눈빛과 같은 샘물과 폭풍우의 푸른빛이 어지러이 떨어지네." 반면, "6월의 일요일마다 오전 10시경이면, 하루가 문득 베어 낸 풀과 닮아 보인다— 모든 기쁨들은 이미 메말라 있고 줄기는 잘려 나갔으며 황량한 사막을 건너는 듯 휴식도 지루하다". 낫질하는 사람은 일하지 않을 때 "잘 갈린 낫을 따라 움직이는 손끝이 꽃잎과 향기가 비처럼 내리는 곳에 머물러 있는 모습을[10]" 꿈꾼다.

세비녜Sévigné 후작 부인의 작품처럼 풀을 베어 말리는 일에서 느끼는 기쁨들이 언급되지 않은 것은 풀에 관한 작품이라 할 수 없다. 고작 나무 갈퀴로 건초를 쓸어 담는 일 정도만 겨우 해 본 귀족 부인의 감성만 담겨 있기 때문이다. 후작 부인은 이와 관련한 내용을 그저 계몽적인 어조로만 기술했다. 1671년에 이렇게 썼다. "말씀드릴 내용이 있습니다. 베어 낸 풀을 널어 말리는 일은 세상에서 가장 멋진 일입니다. 풀밭에서 시시덕거리며 건초를 뒤집어 놓기만 하면 되는 일이지요. 이 일만 어느 정도 할 줄 알면, 누구든 베어 낸 풀을 널어 말리는 일을 할 수 있습니다.[11]"

후작 부인은 이슬이 사라지고 나면 낮 동안 그 전날 베어 낸 풀을 한두 차례 뒤집는다고 좀 더 상세히 설명해 놓았다. 그 다음 날, 작업을 되풀이한 뒤 건초 더미를 만들고, 셋째 날, 건초를 안으로 들이거나 여러 개의 더미로 나누어 쌓아올린다고도 했다. 중세 우화집에 등장하는 르나르*가 잠잘 장소로 고른 곳처럼 말이다.

올리비에 드 세르는 그의 기념비적인 저서 《농업 경영론》에서 이 모든 과정을 정확히 기술했다. "풀 베는 시기는 늦추기보다 차라리 서두르는 편이 낫다. 초록빛이 약간 도는 건초가 더 풍부하며 가축들이 먹기에도 더 먹음직스럽고 맛이 좋기 때문이다. 또한 젖소들이 젖을 만들어내기에도 과도하게 여문 것보다는 초록빛이 도는 것이 더 좋다." 그리고 "처음 난 풀을 베는 일을 오랫동안 미루었을 때보다 서둘렀을 때, 다시 나는 풀이 지체 없이 자라나" 초지가 유지되기 때문이다. 날이 건조한 시기에는 "낫질하기" 하루 전날 풀에 물을 주어야 한다. 풀이 축축한 상태일 때 "베어 내고 모으기가 한결 쉽기" 때문이다. 만약 비가 내린다면, "베어 낸 건초를 세게 흔들지 않는 것이 좋다. 그래야 날이 다시 개었을 때 건초의 위쪽 부분이 먼저 말라버리지 않기 때문이다.[12]" 올리비에 드 세르는 다음과 같은 설명도 덧붙였다. "말린 건초는 지체 없이 여러 개의 더미로 쌓아올린 뒤 각 지역의 방식에 따라 단을 만들도록 한다." 그런 뒤에 신속히 수

---

* 르나르는 프랑스어로 여우를 뜻한다.

레에 실어 "건초 창고"로 가져가, 건초가 장시간 풀밭에 머무르는 일이 없도록 해야 한다. "새 풀이 제대로 자라지 못해, 토지의 가치가 떨어지는 경우가 생길 수도 있기 때문이다."

지붕이 있는 건초 창고가 없는 경우 "경영자"는 말린 풀을 저장할 수 있는 창고를 제대로 만들어야 한다. 건초 창고는 "피라미드형으로 끝나는 원형"이다. 그 중앙에는 "땅에 깊이 박힌 튼튼한 장대"를 세운다. 그런 뒤에 건초 더미를 "무거운 돌 여러 개를 지탱할 만한 끈으로 여러 차례" 묶는다.[13] 이러한 작업들이 끝나면, 풀밭 또는 목초지의 풀이 다시 자라 "다음에 거둘 건초"를 준비할 수 있도록 신경 써야 한다. 이와 동시에 "마지막 남은 건초들을 완전히 거두어들이기" 전에 짐승들이 뜯어 먹는 일이 없도록 주의해야 한다. 올리비에 드 세르는 이미 1600년에 책의 한 챕터를 할애해 프랑스에서는 잠두, 프로방스나 랑그독 지방에서는 개자리속이라고 부르는 것을 다루는 방법에 대해 설명했다. 대체로 잠두 혹은 개자리속은 일 년에 대여섯 차례 베어 낸다고 한다.

이제는 작업하는 모습을 보고 느껴지는 것들 이외의 감정들을 살펴보자. 베어 낸 풀은 시간이 흐름에 따라 점점 그 냄새가 짙어진다. 네르발은 오래 전 실비와 함께 테브Thève를 따라 산책했던 일을 회상하며 이렇게 이야기했다. "들판은 베어서 고랑에 널어놓은 곡식 짚단과 건초 더미로 뒤덮여 있었다. 술에 취한 것도 아닌데 그 냄새를 맡으니 머리가 어지러워졌다. 마치 예전에 숲의 싱그러운 향기를 맡고 그랬던 것처럼 말이다.[14]"

실제로 건초 더미와 그 냄새는 풀을 베어 말리는 작업을 할 때보다 훨씬 더 강렬하게 후각을 자극하는 듯하다. 콜레트가 이렇게 썼다. "당신이 어느 6월, 달빛이 내 고향 모래언덕과도 같은 둥근 모양의 건초 더미 위를 환하게 비추는 그 시간에 풀을 베어 낸 목초지 사이를 지난다면, 건초의 향기를 맡고 당신의 마음이 열릴 텐데.[15]" 드니즈 르 당텍은 건초의 냄새를 이렇게 해석했다. 이 냄새는 "신선한 풀의 톡 쏘는 향은 사라지고, 미세하고 가벼우며 부드러운 향을 내뿜지만 한편으론 재채기를 일으킬 만큼 후각을 자극한다.[16]"

그보다 한 세기 먼저, 헨리 데이비드 소로는 건초가 지닌 청각 및 촉각, 후각적 감각뿐만 아니라 곳간에 건초가 쌓여 있는 모습이 불러일으키는 평온함을 찬양했다. 그는 1852년 4월 자신의 일기에 이렇게 썼다. "나는 베이커 농장의 곳간에 들어서 쥐들이 사는 마른 건초 더미에 앉았다. 밖에서는 제아무리 폭풍우가 요란하게 불어쳐도 비 한 방울도 맞지 않을 이곳 건초 더미에 앉으면 형언할 수 없는 고요함만이 가득해진다. 어느 비가 많이 내리는 날 건초 더미가 주는 고요함. 귀뚜라미 한 마리도 돌아다니지 않는 건초 더미에는 평온하고 잔잔한 생각들로 가득하다. 밖은 온통 젖은 채 어지러운데, 안은 이토록 바짝 말라 있고 고요하다니! 오, 이곳에서 우리는 얼마나 더 풍부한 생각들을 할 수 있겠는가! 건초가 바스락거리는 소리는 정적을 더 뚜렷이 느끼게 한다. 이 얼마나 완벽한 침대인가! 건초 더미에 앉아 건초를 생각하다니, 그야말로 꿈같은 일이다![17]"

제 9 장

우아하고 고상한 풀

우아하고 고상한 풀

    풀의 장소에 일하는 공간이자 목가와 전원시의 무대이기도 한 목장과 초원만 있는 것은 아니다. 우리가 앞서 살펴본 목장과 초원과는 달리 잔디밭은 관리 방법, 외형, 상징하는 의미뿐만 아니라 그 공간에 있는 "풀"이라는 물질을 인지했을 때 일어나는 감정의 종류까지도 다양하다.
    프란시스 베이컨Francis Bacon은 16세기에 이렇게 썼다. "가까이에 짧게 깎은 푸른 풀을 두는 것보다 더 보기 좋은 것은 없다." 이 말은 20세기의 마지막 수십 년까지도 대체로 공감을 얻어왔다. 지금부터는 동물의 먹이나 소득을 얻기 위한 수단이 아닌 장식용으로 관리한 풀의 역사에 대해 살펴보려 한다. 즉, 화단 parterre과 잔디밭 pelouse의 풀과 잔디에 대해 말이다. 드니즈 르 당텍은 중세시대가 한창 무르익었을 때 등장한 이 새로운 용어들을 깊이 파헤쳤다. 그의 말에 따르면 14세기 말 무렵부터 잔디밭이라 함은 "짧게 깎은 가는 풀과 이러한 풀로 뒤덮인 지면"을 칭하기 시작했다. 그렇지만 여전히 시 문학에서는 종종 목초지 혹은 초원을 지칭하기도 했다. 3세기 뒤에는 잔디밭을 보다 명확히 규정했다. 정원의 경사지, 좁은 길, 화단에서 풀이 자란 지면을 잔디밭이라 칭했다. 프로방스어에서 유래한 "pelouse*"라는 용어는 1582년에 처음으로 등장했다. 이것은 "짧고 빽빽하게 자란 부드러운" 풀로 뒤덮인 지면을 가리키는 것으로 어딘가 동물의 고운 털을 연상시켰다. 그렇다 보니 자연스레 이러한 잔디밭은 귀족적인 느낌을 띠기 시작했으며[1], 르네상스 시기부터는 사회적 위신과 불가분의 관계가 되었다.

  1542년부터 화단이라 함은 정원에서 꽃과 잔디를 심은 정돈된 구획들을 칭했다. 대체로 화단은 저택의 정면에 위치했다. 화단은 사람들이 그 빛깔과 잘 깎인 풀을 보고 경탄하도록 만들기 위해 존재했다. 화단이 저택 주인의 문장紋章의 형태를 한 경우도 있었다. 1600년에는 올리비에 드 세르가 화단에 시각적 혹은

---

* 프랑스어로 '잔디'를 뜻한다.

가끔은 후각적 즐거움을 누리기 위한 구획을 배치하는 방식을 상세히 소개했다. 그의 설명은 이러하다. "여기에서는 풀의 다양한 특성을 고려해, 풀을 장식으로 적절히 활용하여 훌륭한 화단을 만드는 방법을 보여주고자 한다. 실제로 현 왕조에는 감탄할 만한 훌륭한 정원들이 여러 군데에 조성되어 있다." 요컨대, 기쁨과 경탄, 화려함에 대한 추구들이 정돈된 광경과 제왕적 권위를 상기시키기 위한 감정들의 그물을 엮어낸 셈이다. 여기에서 풀이 보여주는 복종의 모습은 상징적이다. 실제로 올리비에 드 세르의 눈에 들어온 화단의 표본들은 당시 왕이 퐁텐블로*, 생제르맹 앙 레**를 비롯한 여타 지역에 있는 궁전들에 "짓도록 명령한" 것들이었다.

자신 또한 "프라델의 귀족"이었던 올리비에 드 세르에 따르면, 이와 같은 경이로움의 극치는 "인간과 동물의 행위에 대해 문자, 명구名句, 숫자, 문장紋章 등의 형태로 '말을 하는 풀들(풀의 언어적 개념을 눈여겨봐야 한다)'을 관조하는 데에서 비롯되었다." "풀과 관목으로 건축물, 선박, 보트를 비롯한 여타 다른 것들의 형태를 본 따 만들어 배치하기도 했다." 풀을 벤치 혹은 의자 형태

---

* 파리 근교 남동쪽에 위치한 도시, 특히 퐁텐블로 궁은 나폴레옹이 잠시 살았던 곳으로 유명하다.
** 파리 근교 서북쪽에 위치한 도시이다.

로 만들어놓은 것도 빼놓을 수 없었다. 일련의 훌륭한 판화 작품들이 올리비에 드 세르의 설명을 잘 보여준다.

이러한 경이로운 화단을 구현하려는 정원사는 몇 가지 원칙을 따라야만 했다. 가장 중요한 원칙은 바로 "풀을 복종시키는" 일이었다. 무엇보다 **풀들이 서로 뒤섞이지 않는지**를 잘 파악하는 것이 중요했다. 식물들이 서로 뒤섞여 자라는 초원과는 달라야 했다. 정원사는 대칭이 맞도록 "풀들을 제대로 정리해, 동일한 간격으로 서로 적당히 거리를 두도록 줄을 세워, 서로 지나치게 붙어 있을 경우 발생할 수 있는 뒤섞임을 방지해야 한다." 또한 "풀들이 아주 짧게 자라도록 유지시켜 (…) 바닥의 빈 공간이 잘 보이도록 해야 한다. 유해하거나 화단에 어울리지 않는 풀이 자라는 일이 없도록 말이다." 또한 "흙만 있는 부분과 풀이 자라는 줄이 서로 명확히 구분되도록 해야 한다." 그래야 화단이 제대로 정돈된 느낌이 들기 때문이다.

이렇게 하려면 못줄을 사용하고 주기적으로 물을 줘야 한다. 풀들이 항상 푸른 상태를 유지하려면 메마른 상태에 놓이는 일이 없어야 하기 때문이다. 정원사는 "자신의 줄에서 벗어나는" 식물을 "용납해서는" 안 된다. "줄을 넘는 풀들은 모조리" 베어 내고, "기준선보다 더 높이 자라는 풀이 있으면" 쳐 낸다.[2]

1600년에 올리비에 드 세르에 의해 귀족들이나 군주를 섬기는 사람들처럼 풀을 복종시키고, 자연을 지배하고, 어떤 뒤섞임도 용납하지 않으며, 질서정연하게 줄을 세우려는 욕망이 분명히 드러났는데, 이는 훗날 이에 대항해 풀에게 적절한 자유를 주려는 움직임으로 서서히 이어졌다.

조르주 상드의 《콩쉬엘로》에서는 여주인공이 젊은 하이든과 함께 고대 소수도원의 화단을 마주하고서 넋을 잃는 장면이 나온다. 이 화단이 마치 그리스 신화 속 엘리제 동산처럼 느껴진 것이다. 콩쉬엘로는 그곳을 온종일 걸은 뒤 이렇게 부르짖었다. "잔디가 마치 한 올 한 올 잎을 빗질해놓은 듯 어쩜 이리 매끈하고 고를까. 땅이 보이지 않을 정도로 꽃들이 촘촘히 피어 있고, 둥그스름한 화단 하나하나는 꼭 커다란 꽃바구니를 닮았네. (…) 눈이 정화되는 것 같군." 그 다음 날 아침에는 "은빛으로 반짝이는 잔디가 옅은 안개를 내뿜었다. 이것은 마치 하늘과 다시 만나 교묘히 애정을 토로하며 하나가 되려고 애쓰는 땅의 숨결 같았다.³" 콩쉬엘로는 그날 화단에서 꽃들과 잔디들의 조화로운 노랫소리를 느꼈다.

이러한 감정들은 대체로 귀족들이 꾸며놓은 잔디밭과 자연 및 인공 정원이 조성된 모습을 보고 일어날 수 있는 것들이다. 이상적인 아름다움과 조화로움뿐만 아니라 정중함까지 드러나는 모습 말이다.

사람들은 완벽하게 가꿔진 영국 정원의 잔디에 찬사를 보내기 시작했다. 게다가 튜더 왕조 시대부터 잘 다듬어지고 세련된 도시형 잔디밭이 많이 늘어났고, 그곳에서 사람들은 나무로 에워싸인 볼링 그린bowling green* 위에서 공놀이를 즐기기도 했다. 키스 토마스에 따르면, 17세기 스튜어트 왕조 시대에는 도시형 잔디밭이 영국의 대표적인 풍경으로 자리 잡았다.⁴

18세기 낭만주의 시대의 정원들은 귀족적 이상향에 특히 잘 부합했다. 쥘리가 생 프뢰에게 자신의 정원을 둘러보게 하며 한 말을 살펴보자. "그거 알아요, 여기 풀이 꽤 메말라 있었어요." "그런데 이것 좀 보세요— 과수원을 가리키며— 이제는 생기 있고 푸르며 화려한 빛깔로 치장하고 있는데다가 꽃도 피고 물기를 머금고 있지요." 생 프뢰는 친구에게 이렇게 썼다. "푸르지만 짧고 빽빽하게 자란 잔디에 백리향과 꽃박하 같은 향이 진한 여러 풀들이 뒤섞여 있었네. 그곳엔 수천 가지 들꽃이 반짝였는데, 그중에 다른 들꽃들과 자연스레 어우러져 자라고 있는 것처럼 보이는 몇몇 정원용 꽃을 발견하고 깜짝 놀랐지." 맑고 투명한 물이 "어떤 때는 거의 보이지 않는 가는 줄기처럼, 또 어떤 때는 폭이 넓은 시냇물처럼 풀과 꽃들 사이를" 돌아다녔다네. 땅에서 솟은 샘물들은 하얀 포말을 일으키고 있었지. 이처럼 풀은 "항상 푸르고 아름답구나 하는 생각이 절로 들었다네."

하지만 쥘리의 남편인 볼마르 남작에게는 풀이 또 다르게 사

---

* 주택과 멀리 떨어진 곳 혹은 삼림 속에 배치한 직사각형이나 타원형의 장소이다.

용된다. 정원 곳곳이 "온통 푸르고 생기 있고 기운 찬 모습으로, 정원사의 손길은 어디에도 보이지 않는다." 작업한 흔적을 신경 써서 지웠다. "작업한 모든 장소에다가 건초를 흩뿌려 놓고, 작업 흔적을 풀로 재빨리 가렸다." 그리고 겨울에는 비료를 뿌려 풀을 소생시켰다. 볼마르 남작이 보기에 쥘리의 정원은 "스스로 즐기는" 장소였다. 식물은 그 안에서 자신의 권리를 지켜낼 수 있었다. "줄지어 있거나 고르게 다듬어진 모습을 전혀 찾아볼 수 없다. 이곳에는 못줄을 놓은 적이 없다. 자연은 못줄을 따라 무언가를 심지 않는다.[5]"

1800년, 피에르 앙리 발랑시엔Pierre-Henri Valenciennes은 보다 신중한 태도를 취했다. 그리하여 그는 영국식 정원들을 높이 평가하지 않았다. 영국의 정원에는 "풀을 분간해낼 수 없을 지경이며, 벨벳이 깔려 있다고 착각할 만큼 과도하게 고르고 평평한 잔디 위에 다양한 장식품들이 산재해 있다. 또한 부자연스럽고 단조로운 잔디밭을 밟고 지나가는 일도 절대 허용되지 않는다.[6]" 이 글은 중요한 의미를 지닌다. 왜냐하면 풀은 무성하게 자라야 하는 것이 마땅하다고 사람들이 주장하기 시작한 때의 시초가 되기 때문이다. 이는 오늘날까지도 이어져오는 중요한 운동이기도 하다. 그러면서도 사람들은 대체로 질서정연함과 조화로움을 추구하는 잔디밭 양식을 계속해서 찬양했다. 윌리엄 코빗William Cobbet은 1817년에 미국으로 가서는 그곳의 풀들이 말쑥하게 정리돼 있지 않아서 개탄했다. 미국에는 "풀이 카펫처럼 반듯하게 깔리고 응접실처럼 말쑥한 **신사적인** 정원[7]"이 없다.

19세기 말 칭송과 비판을 동시에 받은 대규모 공원들이 조성된 직후, 졸라와 위스망스가 잔디밭과 화단의 상징적 붕괴와 여기서 비롯된 모순적 쾌감에 대해 묘사했다. 《무레 사제의 과오》에 그려진 파라두는 식물의 절대적 자유를 되살리는 황폐함을 지향하며 세워진 곳이다. 에덴동산으로의 일시적 회귀가 가능했던 것은 식물의 약동감을 되돌려놓았기 때문이다. 위스망스의 작품에서는 앞서 언급한 것과 동일한 황폐화가 미치는 영향이 다소 애매하게 드러난다. 그의 작품은 자연적인 것과 인공적인 것 양쪽 모두를 칭송하며 그 사이를 줄다리기하듯 오가는 태도를 취한다. 그의 소설 《피항지에서》를 읽는 독자는 성에 꾸며진 화단의 황폐화를 아쉬워해야 하는지, 이러한 황폐화를 이끈 식물의 자유가 식물들이 지배당한 시대에 느꼈던 감정들과는 다른, 어쩌면 보다 강렬한 감정들을 일으켰는지를 갈피 잡기 힘들다.

폐허가 된 저택의 문을 넘어서려다가 발길을 멈춘 자크의 앞에는 "온통 민들레 꽃씨 뭉치로 가득 차 있었다. 꽃씨 뭉치들은 자갈투성이 흙에서 솟아난, 뻣뻣하고 가는 털이 달린 녹엽들 위로 얼굴을 내밀고 있었다 (…)." 예전의 화단들은 "쐐기풀과 가시덤불로 뒤덮이고, 오래 된 장미나무들이 원시적 모습을 드러내며 푸르름이 마구 뒤얽혀 있는 야생 상태로 되돌아갔다." "아마도 들판에서 건너 왔을 토끼풀"은 말할 것도 없고, 개양귀비까지 보였다. "쑨쑥 뭉치들이 향을 풍기며 금빛 물방울무늬들이 쏟아지듯 내린 잡초의 갓털*을 자극하고 있었다. 자크가 잔디밭 쪽으로 걸어가 보니, 잔디는 이끼에 뒤덮인 채 죽어 있었다." 마치 "식물들이 소란스레 모인 아수라장"과 "마구잡이로 터져 나오는 푸르름"을 보는 것만 같았다. 그는 "쑨쑥 뭉치들을 뛰어넘으며" 천천히 "이 식물과 나무들이 만들어낸 혼돈" 속으로 들어가 보려 했다. "화단에서 자라던 꽃들은 모조리 죽어 있었다. (…) 잡풀들이 그 자리를 차지했다. 이것은 왕족의 꽃들이 유린하여 비옥해진 땅에서 마침내 주인이 된 독보리들과 농민의 풀들이 일으킨 폭동이었다.[8]" 위스망스는 이 글 속의 묘사를 통해 사회적 차별 요소인 잔디밭과 화단의 철폐를 격정적으로 기뻐하는 것처럼 보인다. 심지어 그는 식물들의 상징적 반란을 부추기는 듯하다. 이처럼 18세기부터 끊임없이 이어져 온 이 식물에 대한 자유 찬미의 끈을 쫓아가 보는 작업은 분명 의미 있는 일이다. 이제는 19세기 중에서도 특히 제2제정 시대부터 조성된 공원의 잔디밭들을 살펴볼 일만 남았다. 이때부터는 풀이 도

---

* 밑씨가 들어 있는 주머니의 맨 끝에 붙은 솜털 같은 것을 말한다.

시 공간 속에 놓이게 되었다.

제2제정 시대에 정착된 공원들은 그 이전까지 산책로에서 이루어지던 의례적인 산책을 대체하는 새로운 장소였다. 차별과 과시의 장소인 이곳에서는 활기참보다는 소극적이고 조용한 분위기가 지배적이었다. 산책할 때 도덕적이고 위생적인 환경에서 아름답게 잘 가꾸어진 자연을 관조하고 싶은 신新 엘리트들의 감성에 맞도록 틀이 짜인 곳이었다. 이 내용은 뒤에서 다시 살펴볼 것이다.

프랑스 전역에 걸쳐 있는 공원 서른세 곳을 연구한 루이 미쉘 누리Louis-Michel Nourry는 잔디밭이 평균적으로 공원의 절반에 해당하는 면적을 차지하고 있다고 설명했다. 잔디밭의 조경적 기능은 다양하다. "식물 배치를 덜 빽빽하게 해 눈에 띄는 공간 연출을 가능하게 하고 시야의 통일감을 높여 준다. 또한 푸른 잔디 덕분에 서로 다르게 연출된 조경 공간을 자연스럽게 오가는 것도 가능하다." 특히 리옹의 테트 도르Tête d'Or 공원을 보면 이러한 점이 분명히 드러난다. 이 공원은 면적이 35만 평을 넘는 곳인 만큼 구획을 나눌 수밖에 없다. 각각의 구획 안에 조성된 잔디밭들이 호수처럼 "연결 고리" 역할을 한다. 또한 띄엄띄엄 형성된 작은 숲들이 잔디로 뒤덮인 단색 공간이 줄 수 있는 단조로움을 깨뜨리는 역할을 한다.[9]

19세기 말에 잔디 깎는 기계가 등장하기 전까지는 공원의 잔디밭에 자란 풀을 주기적으로 베는 작업을 해야 했다. 1930년대까지도 상당히 많은 곳에서 낫을 이용한 풀 베기 작업이 계속되었다. 1870년 무렵이 되어서야 아주 좁은 면적만 소형 잔디 깎는 기계로 작업을 할 수 있었다.

빈센트 반 고흐는 졸라의 표현을 빌려 이러한 "초원 조각들"은 아주 푸르른 풀이 짙게 자라 있고 살짝 노란빛이 도는 에메랄드빛을 띤다고 말했다.[10] 이곳은 무조건 사람들의 시선을 끌 수밖에 없다. 엠마뉘엘 페르누 Emmanuel Pernoud는 이곳의 푸르른 지면에 감탄하지 않을 수 없다고 표현했다. 한 폭의 그림 같은 푸르름 안에서 "사람의 손길이 전혀 닿지 않았고, 동물들이 다녀가지 않았음에도 뜯어 먹힌 체하는 풀"을 가만히 바라보게 된다. 이와 같이 단색화인 듯 (보기에만 좋은) 장식용 방목지는 출입이 금지된 공간이었다. 그는 이러한 표현도 남겼다. 이곳에서 우리는 아이들이 "거의 무가치한 것의 존엄함"을 배우도록 한다. "푸른 얼룩 하나가 가장 아름다운 예술 작품의 가치를 지닐 수도 있다는 사실 말이다." "여기서 사람들은 박물관처럼 눈으로 만져보는 법을 배운다.[11]"

졸라는 이미 《작은 공원》에서 이러한 공간들의 풀이 진열장에 놓여 있다고 표현했다. 공원의 잔디밭은 풀이 침거하는 장소이다. 이곳에는 아이들이 들어올 수 없다. 이러한 잔디밭 앞에는 제복 입은 사람들이 지키고 서 있다. 거듭 말하지만, 이러한 규

율은 자신의 욕망을 참는 법을 배우기 위해 존재한다. 엠마뉘엘 페르누의 말처럼 "이것은 희생과 구속의 도리에 속한다.[12]" 이러한 푸른 잔디밭들은 자유로운 순간들을 통제하고, 사람들을 침착하게 만드는 역할도 한다. 그런데 19세기 사람들은 이곳이 다른 역할들도 수행해주기를 바랐다. 공원의 잔디밭은 보건적인 목적에 부합했다. 이곳은 폐병을 막아주는 수호자였다. 이곳의 푸른 잎은 "폐의 푸른 잎"이었다. 또한 이곳은 사람들 사이에서 은밀한 교류의 장이 되기도 했다.

물론 도시의 공원에 조성된 잔디밭은 처음에는 일부 사람들에게 야유를 받았다. 랭보는 잔디밭들이 어리석어 보인다고 비난하는가 하면, 졸라는 잔디밭에 관한 작품까지 쓰며 풀에게 자유를 되돌려주는 일을 꿈꿨다. 그는 풀이 땅에게 패배해 포로가 되었다고 상상했다. "파리 사람들이 백 년 동안 파리의 작은 공원들에 철책을 걸어 잠그고 자연이 스스로 생기 넘치는 작품을 만들도록 내버려둔다면, 진짜 풀을 만날 수 있게 될 텐데.[13]" "움직이는 정원"의 신봉자였던 질 클레망 Gilles Clément 은 이 말에 혹하였겠지만, 염세적인 졸라는 그렇지 않았다. "장담컨대 그들은(파리 사람들) 이 풀들을 얼른 뽑아버리고 그 자리에 자신들의 정원을 치장하기에 좋은 멋 부린 작은 잔디를 심을 것이다." 1910년부터는 이처럼 틀에 짜 맞춰 관리하는 푸른 공간이 부분적으로 "녹지"의 개념을 대신하기 시작했다.

하지만 19세기 후반기에도 공원이라 하면 잔디밭만 있었던 것은 아니다. 조르주 쇠라George Seurat의 〈그랑자트 섬의 일요일 오후〉(그림 6)만 봐도 사람들이 풀을 다른 방식으로 감상했다는 사실을 알 수 있다. 이 방식은 시골 사람들이 풀을 대하는 방식이나 공원에서 풀을 통제하는 방식과는 또 다른 것이었다. 이 그림에 등장하는 인물들은 아마도 주일에 출입이 허용된 잔디밭을 찾아 그곳을 밟고 다니는 듯싶다. 통제되지 않은 공원 같은 공간에 무한히 펼쳐진 듯 보이는 곳은 다름 아닌 잔디밭이다. 이곳에 자란 낮게 깔린 풀은 작은 길도 되었다가 의자도 되었다가 한다. 풀이 자란 이 공간이 목가적인 느낌이 나도록 연출한 무대인 건지, 아니면 지루함, "즐거움이 없는 무위"를 낳는 장소인지는 알 수가 없다. 이 풀밭에 있는 "사람들은 다른 이들의 무관심에 초연해 보인다.[14]"

그때부터 본질적인 변화가 이루어졌다. 사람들이 "녹지"라고 부르기 시작한 잔디밭들이 더 이상 조경적 효과를 내는 공간이 아니라 휴식 공간으로 인식되기 시작한 것이다. 이미 제2제정 시대 전성기에도 불로뉴 숲에 위치한 프레 카틀랑Pré Catelan에 조성된 잔디밭들은 자유롭게 드나들 수 있는가 하면, 리옹의 테트 도르 공원은 풀밭에서 산책하고 놀이하고 소풍을 즐기고 "풀밭 위의 점심식사" 자리를 마련할 수 있는 공간이었다. 파리에서 소풍을 즐길 때 하듯이 말이다.

20세기 초부터는 잔디밭이 새로운 방식의 유희를 원하는 가족들의 욕구를 충족시키기 시작했다. 그들은 이제 그저 풍광을 바라보기만 하는 곳보다 자유롭게 드나들 수 있는 잔디밭에서 휴식을 취하는 일에 더 매력을 느꼈다. 그러다 보니 놀이 공간과 다양한 종류의 길이 늘어나기 시작했다. 요컨대 이 모든 변화는 사람들이 잔디밭과 자유로운 공간에서 새로운 사회적 기능을 찾으려는 시도로부터 이어진 것이었다.

또 다른 형태의 잔디밭과 화단도 있었다. 바로 부르주아들의 저택에 조성된 것이었다. 제한 구역인데다가 아예 담까지 친 이곳을 찾는 사람들은 다른 사람들의 시선에 구애받지 않고 책을 읽거나 몽상에 잠겼으며 가끔씩 놀이도 즐겼다. 안락의자나 흔들의자를 놓고 거기에 앉아 쉬기도 했다. 젊은 시절의 마르셀 프루스트가 하루에도 몇 시간씩 시간을 보낸 장소가 바로 이처럼 폐쇄된 공간이었다. 장 상퇴유가 마르셀 프루스트 자신의 모습을 그려낸 인물이라고 한다면 말이다. 장 상퇴유는 화창한 날에 산책을 하지 않을 때면 밖에 나가 흔들의자에 앉아 있기를 좋아했다. "가끔은 풀밭에 드러눕기도 했다. 잔디밭 전체에 햇볕이 들면, 그곳이 황금빛으로 변할 뿐만 아니라 온통 햇빛이 스며들고 물들어, 햇빛에 취해 깊이 잠든 여인이 풀끝에서 눈부시게 반짝이며 이따금 모습을 드러내는 듯했다." "비둘기들이 황금빛 잔디 위를 느릿느릿 걸어 다니며" 잔디밭에 비친 "햇빛의

이면인 듯 검은 그림자를" 퍼뜨렸다.¹⁵

또한 북아메리카 교외 지역 잔디밭들의 이야기를 다룬 서적들도 아주 많다. 그중에서도 앵글로색슨계 전문가들이 이곳 잔디밭들을 상당히 중요하게 거론했다. 특히 제2차 세계대전 직후에 도시 공간을 점령한 이곳 잔디밭들에 자란 풀은 백인 중산층들의 상징과도 같았다. 장 모테Jean Mottet는 이것들을 "중세의 **울타리 두른 정원**을 표준화시킨 형태¹⁶"이지만 실질적인 울타리도 명확한 종교적 기준도 지니지 않은 것이라고 여겼다. 그렇지만 이곳의 잔디밭은 출입이 금지되어 있어서 이것들을 유럽의 공원과 마찬가지로 잔디를 신성화한 형태로 인식하기도 했다. 이러한 형태의 잔디밭 역시 우리가 앞서 이야기한 것처럼 풀의 역사에서 사라지고 말았다. 장 모테는 다음과 같은 말도 덧붙였다. 이러한 잔디밭은 과거로 되돌아가고 싶은 마음을 달래주는 묘약이 될 수 있다.¹⁷ 교외 지역의 잔디밭은 페니모어 쿠퍼의 **대초원**의 역사에 대응하며, 사람들이 집 주변의 가까운 곳에서부터 초원을 다시 만날 수 있도록 했다. 이를 통해 평범한 가정의 일상생활 수준이 향상되었다. 그러니까 지금 다루고 있는 푸른 공간은 귀족적 잔디와는 완전히 동떨어진 존재인 셈이다.

"그린 카펫¹⁸"은 그야말로 이름 그대로의 역할을 하며, 집의 내부와 외부를 하나로 이어주었다. 야외에 깔린 양탄자와 같았다. 이것은 텔레비전에서도 가정에서 상징적인 역할을 하는 존재로 그려졌다. 예컨대 TV **시트콤**에서는 잔디밭과 이것을 관리하는 정원사가 차지하는 역할이 놀라우리만큼 컸다. 교외의 잔디밭은 이 공간을 통해 사람들이 정돈되지 않음과 맞서 싸우고 있음을 보여주는 증거 그 자체였다. 짧고 고르게 난 부드러운 풀은 그 집 안의 분위기를 미리 예상케 하고, 변함없이 푸르른 모습은 영원한 젊음의 샘을 떠올리게 했다. 기 토르토사는 그린 카펫을 잉크로 인쇄한 벽지에 비유하기도 했다.[19] 또한 최대한 이것을 일 년 내내 똑같은 상태로 유지하려고 했던 것도 젊음에 대한 사람들의 집착이 반영된 것으로 보았다. 반면, 사이먼 샤마 Simon Schama는 전혀 다른 관점으로 북아메리카 교외의 잔디밭들을 바라보았다. 이곳을 대평원의 귀신들이 떠도는 죽은 자들의 공간으로 본 것이다.

잔디밭이란 공간을 유지한다는 것은 그곳을 가만히 바라볼 시간도 없이 쉬지 않고 움직여야 한다는 것과 같은 의미였다. 그곳의 식물들을 관리하다 보면 늘 불안한 마음에 사로잡히기 십상이었다. 왜냐하면 풀이란 우리가 한눈을 팔면, 언제든지 엉망으로 들고일어날 수 있는 존재이기 때문이었다. 그래서 "사람들은 한 달에 한 번 아이들을 미용실에 데려가는 것처럼 잔디 깎는 기계로 잔디를 깎아 다듬어주었다.[20]" 풀은 이따금 이웃 간 경쟁의 원인이 되기도 했다. 사람들은 대체로 집 안을 꾸며 놓은 모습을 보고 집주인을 평가했지만 때로는 잔디밭의 모습이 평판에 더 큰 영향력을 미치기도 했다. 키 큰 풀이나 잡초가 보인다거나 풀이 무성히 자라 있는 모습은 악몽과도 같은 일이었다. 자크 타티Jacques Tati는 영화 〈나의 아저씨〉에서 이웃으로 등장하는 인물을 통해 이 모든 것을 코믹한 방식으로 구현해냈다.

 게다가 장 모테는 북아메리카의 교외 지역에 있는 집과 잔디밭, 길을 한데 묶어 서로 잘 어우러지게 하는 일을 중요하게 생각했다. 그린 카펫 위의 집들은 대체로 길을 드나드는 접근성이 좋은 편이었다.[21] 미국 화가 에드워드 호퍼Edward Hopper의 그림에 가끔 이런 모습이 넌지시 표현되어 있다.

 잔디 경기장들은 여러 가지 면에서 북아메리카 교외 지역의 잔디밭들과 닮아 있다. 이러한 것들을 규정짓는 키워드는 바로 인위성이다. 조르주 비가렐로Georges Vigarello는 사람들이 운동 경기를 할 때 더 이상 자연적 공간과 사물들을 사용하지 않는 모습들을 실감나게 묘사했다. 1880년부터 "장애물 달리기"에서는 묵직한 나뭇가지들이 더 이상 장애물로 사용되지 않았으며, 멀리뛰기도 이 시기부터 풀밭을 가로지르는 시냇물을 넘는 방식으로 이루어지지 않게 되었다. 이 외에 수많은 다른 운동경기 역시 역사적으로 유사한 과정을 겪었다. 사람들이 스키 경주를 머릿속에 그릴 때 이제 전나무 사이를 경주하는 모습을 더 이상 떠올리지 않는 것만 봐도 그렇다. 어쨌거나 20세기 초까지는 인위적으로 공간을 조성하려는 움직임과 이전의 방식을 그대로 유지하려는 움직임 사이에 줄다리기가 계속해서 벌어졌다. 끝으로 한 가지 주목해야 할 점은 일부 승마 경기는 이러한 과정들을 전혀 겪지 않았다는 사실이다.[22]

아주 최근에는 풀이 있던 자리를 합성 소재가 대신하기도 한다. 모두 알다시피, 오늘날에는 축구 경기장에도 풀이 사라지고 있다. 요컨대 스포츠, 그중에서도 특히 장거리 트랙 경주에서는 풀밭이나 잔디밭, 보카주가 등장하는 경우들이 거의 사라졌다. 마라톤이나 도심 거리들을 경보하는 경기에서도 똑같은 일들이 벌어졌다. 이제는 군인들이 "군사 기초교육"을 받을 때, 노르망디의 보카주에 펼쳐진 초지에서 장거리 달리기 훈련을 하는 것[23]도 먼 나라 이야기가 돼버렸다.

한편 골프장 풀의 역사는 다소 보수적인 성향을 띠며 조금은 상이한 모습을 보인다. 골프장 풀은 우리가 지금껏 느껴보지 못한 감정들을 일으킨다. 골프 경기에 필요한 풀의 특성들은 다양하다. 실비 네일Sylvie Nail은 골프장 풀의 조직을 경기 코스별로 간추렸다. 티 박스tee box(출발 지점)의 풀은 길이가 짧아야 하고, 페어웨이fairway(티 박스와 그린을 이어주는 경로)의 풀은 티 박스보다는 약간 길어야 하며, 페어웨이의 바깥 영역인 러프rough는 풀을 훨씬 더 길고 무성하게 남겨 두며, 끝으로 그린green 구역은 아주 짧게 깎아야 한다. 이곳에는 가능한 한 가늘고 섬세한 질감의 잔디를 깔아야 한다. 실비 네일의 표현대로라면, "풀이 아주 완벽한 상태라 눈에 잘 띄지 않을 정도이다.[24]" 실제로 각각의 구역에 적합한 잔디의 종이 따로 있다. 이러한 구역들에 깔린 잔디의 질은 선수들과 관중들이 잔디들의 밀도와 단면 상태를 면밀히 관찰해 평가한다. 이처럼 진지하고 세심하게 주의를 기울여 그 질을 유심히 살피고 측정하며 평가하는 풀의 장소가 또 어디 있을까.

이와 관련해 실비 네일은 우리가 미처 생각지 못한 풀의 기능을 역설했다. 우리가 앞서 살펴봤듯이 종종 차별의 표시로 쓰인 풀이 영국인들에게는 식민지 확장의 대리인 역할을 했다는 것이다. 식민지의 목축 풍경이 형성되는 데 영국 방목지의 모습이 상당 부분 영향을 주었을 거라고 이야기한다. 실비 네일은 영국인들이 이처럼 풀을 식민지에 전파한 일은 식민지 공간을 재정립해 지배하려는 목적을 가지고 행한 "지리적 폭력[25]"이라고까지 보았다. 어쩌면 저개발국들에 골프장 잔디가 많이 보급되는 것도 이와 같은 맥락에서 바라볼 수 있지 않을까. 엘리트 계층들이 불평등주의를 원칙으로 하여 경제권에 관한 제국주의적인 지도를 그리려는 의지가 엿보이는 대목이다.

제 10 장

흰 대리석 같은 두 발이
푸른 풀밭에서 빛나네

(라마르틴)

> 흰 대리석 같은 두 발이
> 푸른 풀밭에서 빛나네
> (라마르틴)

풀의 역사에서 여성적 매력과 풀 사이의 관계는 상당히 밀접하다. 고대로부터 사람들은 초원 위의 여성, 더 정확히 말하자면 풀밭을 맨발로 걷는 여성을 황홀한 듯 바라보는 장면을 꿈꾸어 왔다. 이처럼 푸른 공간에 무의식적으로 에로티시즘을 불어넣어온 역사에 대해 간단히 살펴보려 한다. 이 장에서는 아르카디아에서 판 신이 님프들과 사랑을 나누는 장면과 같은 극도의 에로틱한 관능미는 다루지 않는다. 이러한 격렬한 성욕에 관한 이야기는 다음 장에서 다루도록 하고, 지금은 목가적인 면과 동경, 경탄할 만한 아름다움 등에 관해 집중적으로 살펴보자.

이번 장에 나오는 내용은 기원전 8세기에 집필된 헤시오도스Hesiodos의 《신들의 계보》에서 비롯된다. 크로노스는 큰 낫으로 자신의 아버지 우라노스의 성기를 잘라버렸다. 지상에서 멀리 내던져진 이 성기는 물결이 요동치는 바다를 오랫동안 떠다닌다. 그러다가 어느 순간 성기에서 흰 거품이 일더니 젊은 여인이 태어났다. 이 여인은 사이프러스 섬 연안에 다다랐다. "아름답고 거룩한 여신이 바다에서 나왔다. 그녀가 한 발짝 내딛을 때마다 **주변의 풀들이 자라났다**(우리가 눈여겨볼 부분이다).[1]" 그녀는 우라노스의 성기를 에워싼 거품에서 태어났기 때문에, 신들과 인간들이 그녀를 아프로디테라고 불렀다. **아프로**Aphros는 그리스어로 거품을 뜻한다. "그녀가 탄생한 순간부터 아모르Amour(사랑)가 그녀를 호위하고, 멋진 데지르Désir(정욕)가 그녀를 쫓아다녔다." 또한 그와 동시에 "젊은 여인의 재잘거림과 미소, 기쁨의 희열, 다정함, 감미로움"이 그녀의 특징이 되었다.

헤시오도스의 이 글에서 우리에게 가장 중요한 부분은 여신 아프로디테가 젊은 여인이고 아모르의 호위를 받고 있으며, 특히 젊은 나이를 특징짓는 모든 요소들을 갖추고 있다는 점이다. 아프로디테는 바다에서 나오자마자 풀밭을 걸었으며 사뿐사뿐 발걸음을 내딛는 자리마다 풀이 자라났다. 젊은 여신의 맨발과 풀의 응답 사이의 이와 같은 관계는 문학 작품의 역사에도 영향을 주었다. 애정을 주로 다루는 극작품에서 넓게 펼쳐진 푸른 잔디를 무대로 삼게 된 것이다. 이를테면 도미니크 루이즈 펠레그랭은 이렇게 말했다. "풀과 언어와 사랑은 본디 연결되어 있다." 게다가 그녀는 하데스가 꽃을 꺾고 있던 코레를 지하 세계로 데려가기 위해 납치한 곳도 풀밭이라고 상기시킨다. 지하 세계로 간 코레는 늘 푸르른 지옥에서 초원의 여왕 페르세포네가 된다.[2]

그리스 신화 속 뮤즈들은 파르나스(그리스 중부의 산)의 풀밭에 맨발로 등장할 때가 많다.(그림 7) 아르카디아의 백색의 님프들, 전원시와 목가에서 노래한 님프들은 물과 숲뿐만 아니라 초원과도 밀접한 관련이 있다. 베르길리우스의 전원시 제2권에서 목동 코리돈은 알렉시스에게 말을 건넨다.

"이리로 와 보아라 (…)
백색의 나이아스*가 연보랏빛 제비꽃과
수선화, 짙은 향을 풍기는 회향이 있는 곳에 왔구나.
그녀가 너를 위해 향내 가득한 풀들을 알록달록하게 엮어
감격할 만큼 어여쁜 꽃다발을 만들었구나.[3]"

고대 작품에서 풀밭 위 여성의 매력에 대해 노래하는 구절을

---

* 그리스 신화에서 나오는 물의 님프이다.

일일이 다 언급하려면 끝이 없을 정도이다. 14세기 이래로 환유법을 사용한 표현이 인상적으로 드러난다. 여성이 풀밭을 밟으며 맨발을 보이는 모습은 남성의 성욕을 드러나게 할 때가 많았다. 페트라르카Petrarca의 《칸초니에레》와 라파엘 전파*의 화가들의 작품들을 대표적인 예로 들 수 있다. 하지만 그런 모습에서 반드시 순결함의 상징을 찾아야만 하는 것일까? 이것은 과도한 해석일 수도 있지 않을까. 여성이 풀밭에 들어갈 때 거의 유일하게 발만 노출시킨다고 보면, 오히려 예의를 갖춘 모습으로 해석할 수도 있지 않겠는가.

오카생은 니콜레트의 우아한 몸매와 새하얀 피부를 떠올리며 한껏 흥분해 소리친다. "환한 얼굴의 감미로운 연인이여!" 음유시인답게 궁정 언어로 여인의 가는 허리와 작고 단단한 가슴, 금발의 곱슬머리를 노래했다. 이 노래이야기chantefable**에서 여인의 다리와 발의 황홀한 모습에 초점을 맞춘 내용은 이후 페트라르카가 극도로 찬미한 것과 일맥상통한다. 어느 순례자가 골골 앓다가 니콜레트가 땅에 끌리는 옷자락을 들어 올리자 드러난 다리를 보자마자 회복하는 장면이 나온다. 이 부분에서 우리가

---

* 19세기 중엽 영국에서 일어난 라파엘로 이전처럼 자연에서 겸허하게 배우는 예술을 표방한 유파이다.
** 중세 문학에서 낭독 산문과 음유 시구가 교차로 배치된 이야기 장르이다.

다루는 주제와 관련된 환유법이 드러나는데, 니콜레트의 흰 다리는 그녀의 아름다움을 상징한다. 그녀가 걸음을 내딛을 때마다 그녀의 발가락이 닿는 곳에 있는 데이지 꽃이 꺾인다. 이 꽃들은 그녀의 다리, 특히 발에 비해 어두워서 그녀의 발이 더욱더 눈부시게 새하얘 보인다.[4]

단테는《신곡(연옥편)》제28곡에서 맨발임을 명확히 적시하지는 않지만 정황상 모두가 예상할 수 있도록 자신 앞에 나타난 여인에 대해 묘사한다. 그녀는 "온통 꽃으로 가득한 그곳에서 (홀로) 노래를 부르며 꽃을 따고 있었다." 여인이 그 자리에서 빙글빙글 춤추며 "양다리를 가지런히 딱 맞붙여, (…) 한 발을 다른 발 앞으로 겨우 떼듯" 하더니, 새빨갛고 노란 꽃들 위에 멈춰서서 "그때까지 정숙하게 숙이고 있던 고개를 들어 바라보았다……[5]" 이 여인의 등장은 그냥 넘어갈 수 없는 부분이다.《신곡》에는 이처럼 시인들의 영혼이 녹아들어 있다.

거듭 말하지만, 풀밭을 맨발로 거니는 여인의 모습은 페트라르카의 시에 그 어떤 장면보다 자주 등장한다.《칸초니에레》에만 해도 총 서른여덟 번 중 열여섯 번은 흐름상 상당히 비중이 있는 부분을 차지하는데, 이처럼 풀밭을 거니는 장면이 상당히 자주 나오기 때문에 여기에서는 일부 장면만 살펴보는 것으로 그치려고 한다. 사실 이 시집에서 가장 중요한 부분은 라우라가 풀밭을 거닐 때 그녀가 지나간 자리마다 풀들이 행복해하는 모습이 나오는 장면이다. 페트라르카는 자신의 연인이 지나간 자리를 바라보며 이렇게 말했다. "당신이 발자국을 남기고 지나간 곳만큼 아름다운 발이 닿은 땅은 그 어디에도 없으리. (…) 내가 꺾은 모든 풀들 혹은 꽃들은 그녀가 자주 거닐었던 땅에 뿌리를 내렸던 것들이었구나.[6]"

페트라르카는 연인이 초원에 있던 모습을 떠올리며 이렇게 썼다. "그 뒤로 딴 곳에서의 휴식은 생각지도 못할 만큼 이 풀밭이 좋구나.[7]" 162편에 있는 소네트에서 그는 자신의 연인이 다녀간 모든 자리를 시샘한다. "나의 연인이 자주 밟고 지나는 꽃들과 풀들은 얼마나 행복할 것이며 또한 얼마나 축복 받은 존재인가. 그녀의 상냥한 목소리를 듣고, 그녀의 아름다운 발이 남긴 발자국을 간직한 벌판은 또 어떠한가.[8]"

페트라르카는 연인이 자신을 매료시킨 우아한 모습들을 요약했다. "백색의 아름다운 발이 싱그러운 풀숲을 가로지르며 매력적이고 순결한 발걸음을 옮길 때면, 그 주변 땅 위로 부드러운 식물들이 소생하고 아름다운 꽃들이 만개하는 듯하였다.[9]" 풀밭에 연인이 나타나면 사랑이 샘솟고, 풀이 라우라의 발을 원하면 이번에도 그녀의 발은 풀을 행복하게 해준다. "이 검고 오래된 털가시나무 아래 여기저기 핀 알록달록한 꽃들과 푸른 풀들이 아름다운 발에게 자신들을 밟거나 건드려 달라고 애원한다.[10]"

산책을 하며 시인의 마음은 "아름다운 발이 남긴 발자국이

찍혀 있는, 그래서 내가 한없이 눈길을 쏟아 부었던 장소들을 하나하나 떠올리며 이제는 연인을 떠난다.[11]" 페트라르카의 로맨스는 풀에서 일어난 상황 속에서 읽어낼 수 있고, 그는 이 풀에 마음을 완전히 빼앗겼다. 그는 사랑하는 연인이 죽고 난 뒤 보클뤼즈Vaucluse로 돌아와서 이렇게 썼다. "풀들은 미망인이 되었고, 물은 투명함을 잃었다.[12]" 그는 슬픔에 잠긴 채 추억 속에 머무르며 꿈속에서 "깊은 생각에 잠긴 채 꽃이 핀 풀밭을 가로지르는[13]" 라우라의 모습을 다시 떠올렸다.

《칸초니에레》가 수 세기 동안 애가의 전형으로 불린 작품인 만큼, 풀밭을 거니는 라우라의 발에 관한 장면을 조금은 길게 살펴보았다. 그로부터 2세기 뒤, 사나자로는 《아르카디아》에서 "페트라르카를 모방한다." 제4목가에서 그는 "예쁜 길"을 따라가는 한 여인을 언급한다. "너무도 우아하고 사랑스러우며 늘씬한 그녀가 백옥 같은 손으로 아름다운 잔디에 핀 하늘거리는 꽃들을 따고 있었다…….[14]"

롱사르도 풀밭과 꽃밭을 거니는 여인의 맨발이 얼마나 매혹적인지를 이야기했다. 나이아스가 꽃이 핀 풀밭을 거니는 장면이 《연애시집》과 《오드집》, 《엘레지》에 반복적으로 등장한다. 또한 롱사르도 이따금 "페트라르카를 모방한다."

그의 연인이 "이리저리 오가는 어딘가에

흰 대리석 같은
두 발이
푸른 풀밭에서
빛나네

그녀의 발길 닿는 곳 따라 땅이 밝게 피어나리."

롱사르는 《목자 페로에게 보내는 목가》에서 그날 저녁을 떠올리며 이렇게 썼다.

"수많은 사랑스런 님프들과 수많은 아름다운 요정들이
구불구불한 머리카락을 하거나 헝클어진 머리카락을 하고
밤새 물소리를 들으며
숲의 수호신처럼 풀을 밟으며 거닐었겠지.[15]"

그로부터 반세기 뒤, 스퀴데리 Scudéry 부인이 《아르타멘, 또는 키루스 대왕》에서 이 주제를 또 다시 다뤘다. 이 소설은 그 당시 사람들 사이에서 어마어마한 인기를 누린 작품이다. 키루스는 만다네 공주를 찾으러 나섰다가 초원 한복판에 반쯤 누워 있는 한 여인을 보게 된다. 이 환영은 그의 마음속에 "특별한 감정"을 불러일으킨다. 안타깝게도 건널 수 없는 격류가 흘러, 그가 "환영"인지 "몽상"인지 헷갈려하는 그 대상에 닿을 수가 없었다. 그 다음 날, 그는 걸어서 건널 수 있는 얕은 냇물을 지나 다시 여인을 보았던 장소에 이르렀다. 초목에 남은 발자국들이 중요한 단서가 되었다. 그는 발자국들을 따라 움직였다. 그리고 "그 자리에 자란 풀들이 정말로 밟혀 있고, 누군가 그곳에 앉았던 것 같으며, 심지어 초원에 작은 길이 새롭게 나 있는 것을 보았다. 다른 곳에 있는 모든 꽃과 풀들은 여름밤 사이 맺힌 이슬로 싱그러웠는데, 그 자리에 있는 것들은 반쯤 꺾여서 딱 봐도 누군가가 그 위를 밟고 지나갔다는 것을 알 수 있었다." 그 모습을 본 키루스는 "정신을 차릴 수가 없었다.[16] 그는 그 작은 길로 들어섰지만 어느새 날이 어두워지고 만다. 그 자리에서 그는 만다네의 모습을 잠깐 스치듯 볼 수 있게 했던 환영을 다시 떠올렸다. 그의 마음은 정말로 고통스러웠다.

이 장면에 관한 해석은 다소 복잡하다. 환영과 현실을 오가며, 사랑하는 여인이 꽃이 피고 이슬을 맞이한 싱그러운 초원에 앉아 있는 모습으로 나타났다가 풀에 남은 발자국들이 만들어낸 작은 길이 보이는 장면으로 이어진다. 어떻든 간에 이 장면의 배경이자 풀 위에 만다네의 발자국이 남은 초원의 모습은 키루스의 마음에 강렬한 감정을 불러일으키는데, 이 감정은 우리가 지금 이야기하고 있는 주제와 정확히 들어맞는다. 초원 위의 여인과 싱그러운 풀밭에 남겨진 그녀의 발자국을 보는 순간 사로잡히는 강렬한 감정 말이다.

18세기에는(1786년) 조셉 마리 로에젤 드 트레오가트 Joseph-Marie Loaisel de Tréogate가 소설 《돌브뢰즈》에서 연인이 죽은 후, 푸른 들판이 감싸고 있던 그녀의 발에 관한 추억이 어떻게 감각적인 무의지적 기억을 폭발적으로 불러일으키는지를 보여준다. 남겨진 자는 감정에 북받쳐 "그녀가 거닐었던 모래와 그녀의 강렬한 매력에 빼곡히 자란 풀들이 힘없이 쓰러지고 만 잔디[17]"에 다가간다.

낭만주의 작가들은 풀밭을 거니는 여인의 매혹적인 맨발에 대한 이야기를 이어나갔다. 라마르틴의 작품에서도 그 매력이 놀라운 방식으로 등장한다. 그는 〈철학〉이라는 제목의 시에서 자신에게 끊임없이 예술적 영감을 주는 여인에게 말을 건넨다. "꿈속에서 그대가 거닐었던 초원 위 발자국들을 따라가고 싶소.[18]" 라마르틴은 또한 전형적인 목가의 형태를 취하고 있는 〈사랑의 노래〉라는 제목의 시에서 그의 연인에게 이렇게 말한다.

"그대가 밟는 잔디와
그대의 손끝 닿으면 싱그러운 빛깔
내보이는 새싹들은 얼마나 행복할까![19]"

또한 그는 한 소녀를 떠올리며 풀밭을 거니는 여인의 경쾌한 발걸음을 찬양하기도 한다.

"곱고 우아한 모습의 쾌활한 그녀,
그녀의 하이얀 발에 밟힌 풀은
휘어질 뿐 부러지지 않는구나![20]"

조슬랭은 어느 날 목가적인 장면을 목격한다. 어느 목동과 시골처녀 사이에 "자연적 사랑"이 싹트는 모습이었다. 라마르틴은 먼저 이 장면을 수놓은 꽃들을 차례로 열거한 뒤, 처녀의 새하얀 발을 향한 찬가를 부른다.

"흰 대리석 같은 두 발이 푸른 풀밭에서 빛나네.[21]"

퍼시 셸리 Percy Shelley 는 자신의 시 〈미모사〉에서 아내 마틸드와의 만남을 이야기하며 "그녀의 발은 자신이 밟고 지나간 풀에게 연민을 느끼는 것 같았다[22]"고 떠올렸다.

빅토르 위고 또한 이러한 이미지를 그려냈다. 그는 《관조시집》에 수록된 시 〈여명〉에서 나른한 모습을 보이는 여인을 묘사했다.

"그녀는 신발을 신지 않았네, 머리는 헝클어져 있었고,
고개 숙인 골풀 사이에 맨발로 앉아 있었네. (…)"

뒷부분에는 그녀가 들판을 돌아다니는 모습을 그려냈다.

"물가에 자란 풀에 그녀는 발을 닦아내네."

풀밭에 등장한 여인의 발을 그려내는 장면은 〈사랑〉이라는 제목의 시에서 더욱 분명하게 나온다.

"그녀는 금발에 검은 눈,
햇살 환히 비치는 한낮에
내 앞을 지나는 매혹적인 그녀, 그리고 환한 웃음.
그녀의 작은 발이 풀들과 속삭이고 있구나.[23]"

말라르메 또한 〈정원에서〉라는 시에서 목가적인 전형을 차용한다.

"그녀의 아름다운 발걸음을 멈춰 세우는 충만함 속에
정오의 시간이 열둘이란 숫자를 던지면
사과와 매혹으로 치장한 여름 앞에서
젊은 여인이 잔디를 거니네.
(…) 그리하여 땅에 핀 오묘한 꽃들이
조용히 그녀를 사랑하고
꽃들의 마음속에는 순결한 화분(花粉)이 꿈을 꾸네.[24]"

러스킨은 《모드》에서 테니슨이 한 여인이 지나간 오솔길을 떠올리며 "그녀의 발이 초원에 닿았는데도 그곳에 핀 데이지 꽃들은 여전히 장밋빛을 하고 있었다"라고 쓴 구절을 인용한 뒤, 이에 관해 자세히 이야기했다. "자기 발이 내딛는 곳을 허물어뜨리지 않는 여인의 이야기는 사실 그리 대단할 것이 없다. 여인은 그 자리를 소생시키는 존재여야 한다. 그녀가 지날 때마다 초롱꽃들이 힘없이 축 늘어지는 것이 아니라 피어나야만 하는 것이다.[25]"

대리석 같이 하얀 발의 매력과 그 발의 경쾌함은 풀밭에 나타난 여인의 실루엣으로 이어진다. 이 여인은 꼭 환영처럼 느껴진다. 하늘거리는 원피스를 입고 무릎까지 초원에 잠겨 있는 여인의 모습은 더욱 그러하다. 장 피에르 리샤르는 자크 레다의 작품을 해제하며 풀밭은 "숨어 있던 지극히 여성스러운 모습"이 드러나고, "모든 애정 장면이 펼쳐지는" 장소라고 강조했다. 그리고 그 장소에서 잔디들은 둥글게 춤을 추며 "풀의 목가"를 힘차게 부른다고도 말했다.[26]

대大 부르도네Bourbonnais의 작품 속에 나타나는 경이로운 여인의 전형적인 모습은 사람들에게 요정들이 "이슬을 털어내는" 모습을 떠올리게 하였다. 즉, 고대 전원시에 등장하는 뮤즈들과 님프들처럼 요정들이 풀밭을 산책하며 하늘거리는 원피스 옷자락으로 식물에 맺힌 이슬을 쓸어가는 모습 말이다. 바로 여기에서 이슬을 털어낸다는 뜻의 동사 "rousiner"가 탄생했다.[27]

흰 대리석 같은
두 발이
푸른 풀밭에서
빛나네

존 키츠도 풀의 목가와 요정극의 전통을 계승했다.

"늘어뜨린 머리카락은 마치 날개를 단 듯하구나.
취한 듯한 눈빛을 한 그녀는
흡사 요정의 후예가 아니던가.
미인이 초원에 나타났도다.[28]"

르콩트 드 릴의 시적 경향을 고려했을 때, 그는 숨어 있던 지극히 여성스러운 실루엣이 들판에 드러나는 장면을 당연히 그려낼 수밖에 없었을 것이다. 그의 《고대시집》에 수록된 여러 작품들이 이를 잘 보여준다. 일일이 다 열거할 수 없을 정도로 그 예가 많다. 다음은 〈테스틸리스〉라는 제목의 시에 나타나는 목가적인 장면의 일부이다.

"연못의 님프들이 푸른 골풀에서 나와
젖은 가슴을 내어놓고 꽃이 핀 풀들에 둘러싸여
서로 팔짱을 끼고 초원에서 춤추네.[29]"

아르튀르 랭보는 두에Douai에서 쓴 작품에서 여인들의 아름다운 발 아래 피어난 꽃들을 묘사하며 이렇게 썼다.

"열일곱! 그대는 행복하리라!

오, 대초원들이여!

사랑에 빠진 드넓은 들판이여!

— 그대여, 좀 더 가까이 오겠는가……!³⁰"

흰 대리석 같은
두 발이
푸른 풀밭에서
빛나네

풀과 청춘의 사랑 사이의 관계에 대한 또 다른 예도 있다. 동시대에 등장한 바그너Wagner의 파르지팔*을 유혹하는 꽃처녀들은 앞서 언급한 모든 대상과 연결 지어볼 수 있다. 또한 존 워터하우스John Waterhouse를 비롯한 라파엘 전파의 화가들이 초원에 등장한 여성의 실루엣과 맨발의 매력에 대해 상세히 그려낸 작품들을 선보인 시대와도 이어진다.

풀밭 위의 여인이 내뿜는 강렬한 매력에 관한 이야기를 마무리 지으면서, 앞서 이미 인용한 폴 가덴의 소설 《실로에》의 한 장면을 잠시 살펴보려 한다. 남자 주인공 시몬이 발코니에서 눈부신 초원의 풍경을 가만히 바라보다가 "가녀린 무언가가 나타나는 것을 보았다. (…) 시몬의 눈에 저 멀리 무성하게 자란 풀 사이를 왔다 갔다 하며 가볍게 흔들리는 치맛자락이 보였다. 풀들은 무척 상기되어 있었다. 생기 있고 비단결처럼 부드러우며 가녀려 보였다. 그 위를 걸을 때면, 풀들이 다리를 감싸 안았으

---

* 바그너 최후의 음악극 〈파르지팔〉의 등장인물이다.

며 손까지 어루만져주고 있었다. (…) 젊은 여인이 다가왔다." 햇빛이 "그녀와 어떤 투명한 무언가를 관통하더니, 그녀의 주변으로 반짝이는 실루엣만 남았다." 아리안은 매일 이렇게 "그녀 위로 몸을 일으켜 풀과 꽃으로 만든 외투를 덮어주는 초원의 깊은 곳에" 모습을 드러낸다. 시몬의 눈에는 아리안의 거듭된 나타남이 "풀 속으로 금세 사라져버리는, 투명한 숨결" 같았다.[31]

꼭 여성의 관능미가 터져 나오지 않더라도 숨어 있던 지극히 여성스러운 모습이 드러난다면 남자는 환영을 보는 순간을 맞이하게 되고, 이때 풀밭에서 산책을 하다 사랑에 빠지는 일이 벌어진다. 이번에도 목가 중에서 목초지 혹은 초원의 풀밭에서 이루어지는 이러한 산책을 언급한 부분들을 몇 군데 더 살펴보자.

빅토르 위고는 이와 같이 사랑에 빠지는 산책을 수차례 반복해서 이야기하며, 이따금 가슴 깊이 새겨진 기억으로 기록했다. 그는 《관조시집》에서 쾌락을 탐닉하는 연인에 대해 이야기한다. "금성이 비치자마자/ 산들바람이 불어오는 풀밭으로 함께 간[32]" 연인 말이다. 그들이 간 곳은 바로 "초라한 야생 뜰"이다. 무성하게 자란 풀들로 뒤덮인 이곳은 그 어떤 것도 인간사의 존엄한 노력을 배반하지 않는 곳으로, 《레미제라블》에서는 코제트와 마리우스가 "나날이 향이 더 짙어지는" 가시덤불숲에 숨어 목가적 사랑을 맺는 곳이다.[33]

기 드 모파상의 작품 속 한 장면에서도 우리가 지금 다루는 주제가 잘 드러난다. 비록 이 장면은 낭만주의적 전통에서 이어진 감상적인 연애보다는 전원적인 정신에 더 가깝긴 하지만 말이다. 그는 《아버지》라는 제목의 중편 소설에서 메종라피트 Maisons-Laffitte를 지나는 센 강변의 풀밭을 산책하며 사랑에 빠지는 장면을 그려냈다. "포근한 바람이 몸과 마음을 나른하게 했다. 강물과 꽃잎, 잔디 위로 내리쬐는 태양이 즐거운 마음 위로도 내리쬐어 수많은 그림자들을 몸과 마음에 퍼뜨려주고 있었다." 이것은 행복이었다. 점심을 먹고 난 뒤, 루이즈는 "데이지 꽃을 따다가 목가적인 꽃다발을 커다랗게 만들었고, 그는 목청껏 노래를 불렀다.[34]"

존 쿠퍼 포이스는 여러 소설 작품 속에서 자연적 배경 및 풀의 존재를 사랑의 과정과 깊이 결부시켰다. 울프 솔런트는 게르다와 처음으로 들판을 산책하며 일종의 "기묘한 두려움"에 사로잡힌다.

> "그의 곁에 신비롭게 다가온 새로운 존재는 지금껏 그를 둘러싸고 있던 모든 것을 뒤바꿔놓았다. 그녀의 육체적 아름다움은 그저 껍데기에 불과했다. 그녀의 존재는 둘이 함께 푸르른 들판을 지나도록 이끈 황홀한 산책의 여정을 더욱 더 특별하게 만들었다. 두더지가 땅을 파다가 만든 작은 언덕들은 더 이상 예전과 같아 보이지 않았다. 야생 참소리쟁이의 불그스름한 어린잎과

*흰 대리석 같은
두 발이
푸른 풀밭에서
빛나네*

쇠똥, 짙은 초록빛의 골풀로 이루어진 작은 수풀들도 (…) 예전과는 달랐다. 잿빛 하늘과 푸른 땅이 젊은 여인의 순결한 아름다움을 더욱 돋보이게 하니, 그녀를 향한 그의 성적 본능이 그 순간, 봄이 움트는 때에 그녀와 가장 닮은 것으로 가득 차 있는 듯했다. (…) 둘은 이 차가운 표면 위로 손을 맞잡고 잠시 비가 멈춘 흐린 하늘과 비가 흩뿌려 안개로 덮인 풀 사이로 나아갔고, 그 순간 그는 세상의 모든 사람들 중에서 단 둘만 살아남은 느낌이 들었다."

울프 솔런트는 이미 언급한 것처럼 게르다와 결혼한 상태에서 크리스티가 지닌 덜 무르익었지만 보다 미묘한 매력들에 빠져든다. 크리스티는 "젊은 여인들의 신비로운 영혼 위를 헤매고 다니는 그의 모든 상념들을 집결시켜 놓은 존재 같았다. 작은 골짜기의 푸른 풀밭에 자란 앵초꽃을 따듯 여기저기에서 얻은 상념들은 그에게 그 무엇보다도 소중했다.[35]"

제 11 장

풀은
강렬한 교미의 장소

(에밀 졸라)

풀은 강렬한 교미의 장소

(에밀 졸라)

　빅토르 위고가 "푸른 풀밭에서 격정적인 사랑[1]"을 보았다면, 졸라는 풀밭 그 자체를 "더럽히는 삶"의 무대로 여기고, 파라두를 "강렬한 교미[2]"의 장소로 만들었다. 풀밭에서의 즐거움은 에로틱한 행위와 특별한 감정들을 수반한다. 이번에는 수많은 소설가들이 이러한 것들을 꿈꾸거나 몸소 경험한 뒤에 작품 속에서 풀어내려고 애쓴 흔적을 살펴보려 한다.
　남성적 욕구는 풀밭의 여인을 보기만 해도 커지는데, 하물며 푸르름 위에서 여인의 나체가 뚜렷이 드러나는 모습을 보면 어떠하겠는가. 푸른 잔디는 침대와는 완전히 다른 잠자리가 된다.

대지와의 거리적 근접, 싱그러운 풀과 살갗의 맞닿음, 나체 위로 여과 없이 비치는 찬란한 햇빛, 초목에서 피어올라 소리를 울리는 섬세한 풍경, 자유로운 쾌락의 외침들이 모여 전대미문의 광경을 그려낸다. 《특성 없는 남자》의 울리히는 몸의 일부를 노출한 채 소파에 누워 자신에게 몸을 내맡기려는 클라리스를 밀어낸다. 무질은 "그녀는 마치 풀밭에 누운 듯³"이라고 묘사했다. 작가는 이 부분을 쓰며 이러한 몽환적 자세가 불러일으킬 만한 강렬한 흥분을 강조했다.

> "지젤 데스톡Gisèle d'Estoc은 자신의 연인 모파상에게 이렇게 썼다. 나는 늘 어느 여름날 들판 한복판의 무성한 풀숲에 누워 흙냄새를 맡고 벌레들의 소리를 들으며 사랑을 나누는 일을 꿈꿨어요. 정말로 우리가 태양과 땅, 바람의 일부가 된 듯한 느낌이 들 테죠. 나의 욕망을 헤아릴 수 있는 사람이 늘 그리웠어요. 그런데 야수와도 같은 당신은 나의 이런 격한 감정들을 함께 나누고 싶지 않나요? 내가 당신과 같이 '금지된' 욕망을 바라는 운명적인 사람이라는 것을 알지 못하나요?⁴"

다른 편지에서 자신은 사랑을 믿지 않고, "절대 사랑에 헌신하지 않고 그저 즐기기만 한다"고 쓴 여인이 이처럼 판 신의 아르카디아를 빗대어 표현한 사실은 그리 놀랍지 않다. 그녀는 이런 말도 덧붙였다. "사실 나는 늘 남들처럼 평범하게 어느 방이나 침대에서 사랑을 나누는 일이 몹시 싫었어요. 끔찍할 정도로 진부하고 인습적인 일이라 생각하니까요. 게다가 나의 쾌락을 고조시키는 신음소리들도 억눌러야만 했지요."

야외에서, 아무래도 푸른 잔디보다는 무성한 풀숲에서, 남자에게 내 몸을 내맡기고 태양 아래서 남자가 발기한 모습을 보면 내밀함 같은 것이 생기고 자연과의 조화 혹은 일치를 이루며 욕망과 쾌락의 새로운 형태들을 맛보게 된다. 누군가에게 난데없이 들킬지도 모르는 상황 혹은 산의 목초지에 있는 마르모트*와 같은 동물이 슬그머니 아주 가까이 다가와서 자신들을 바라보는 상황이 주는 짜릿함이 그렇다. 그대로 내리쬐는 햇빛과 보다 분명하게 보이는 상대방의 시선, 등 혹은 무릎이 풀숲에 닿는 일은 방에서 느끼는 쾌락과는 전혀 다른 감정들을 일으키는 것이다. 장 지오노는 팡튀를르의 몸을 격정적으로 탐하는 아르쥘르의 모습을 그려냈다. 팡튀를르는 눈을 뜨고 고개를 들어 "여자가 조금 떨어진 곳에 앉아 자신을 쳐다보고 있는 모습"을 발견한다. "그가 홀딱 벗고 풀밭에 누웠다. 그가 말했다. —풀이 따뜻해요, 만져봐요……. 그녀가 그가 누워 있는 자리의 풀을 만져보며 말했다. —그렇군요." 그는 그녀에게 자신은 춥지 않다

---

* 설치목 구니아피그이과에 속하는 동물이다.

고 말한다. "윗몸을 홀랑 벗은 채로 풀밭에 누워 있는 그를 그녀는 바라보았다. 달빛이 남자의 반쪽을 비추고 있었다. (…) 그녀는 건초 다발처럼 그의 품에 안겨서 풀밭에 누웠다." 하지만 팡튀를르는 그 자리에서 곧바로 그녀의 욕망에 호응하지 않는다. "자, 이제 집으로 갑시다.[5]"

이처럼 19세기와 20세기에 언급된 풀밭에서의 쾌락에 관한 상상의 근원들은 단 한 가지로 설명할 수 없다. 첫 번째로는 앞서 살펴본, 거부할 수 없는 순백의 매력을 지닌 님프들을 숲과 초원에서 마주한 판이 그들과 짝짓기 하는 모습을 들 수 있다. 롱사르가 목동이 노래를 부르며 양 떼들을 세어보는 장면을 그려낼 때 참고한 것이 바로 이러한 모습이다.

> "그리고 따스한 햇살이 비추면 풀이 깔린 떡갈나무 아래에서
> 그대의 품에 안기고 싶어라.
> 멋진 침대가 우리를 알록달록하게 핀 꽃들로 만들고
> 우리 둘은 나무 그늘 아래 누워 있겠지.[6]"

3세기 뒤, 빅토르 위고 또한 고대 전원시의 전형을 다시 잇는다. 라인 강변의 여행기에서 빙겐Bingen을 묘사하면서 이렇게 썼다. "이곳의 자연은 마치 옷을 벗고 풀밭 위에 누운 아름다운 님프처럼 환하게 보이네.[7]"

> "태양이 환하게 비치는 그대의 풀밭과 구슬피 우는 작은 귀뚜라미들이
>
> 내게도 있다면 (…)
>
> 나의 나무 그늘 아래 누구를 숨기고 싶은지,
>
> 축축이 젖은 풀밭에서 밤이 뿌려놓은 방울들을
>
> 누구와 함께 흔들고 싶은지 알 텐데."
>
> "한낮에 숲속 따스한 빈터에서 누구와 (…),
>
> 오묘한 눈빛을 지닌 아름다운 당신도 알지 않는가.[8]"

풀은 강렬한 교미의 장소

보들레르의 시를 발췌한 이 부분은 덜 명확하긴 하지만 앞서 이야기한 쾌락에 관한 상상의 전형에 속한다. 한편 말라르메는 잘 알다시피 자연을 사랑의 물결로 잠기게 만든 판을 직접적으로 원용했다.[9]

풀밭에서의 사랑에 관한 상상의 두 번째 모티프는 목신 판의 이미지와는 전혀 상관없다. 밀턴의 《실낙원》에서 신이 에덴동산에서 아담과 이브에게 골라준 "행복한 요람"에 관한 기억이다. 이곳은 월계수와 도금양 잎이 드리워진 곳이다. 땅에는 "제비꽃과 사프란, 히아신스가 있다. 꽃들과 화환, 그윽한 향이 나는 풀들로 에워싸인 구석진 작은 공간에서 신부 이브가 처음으로 결혼 첫날밤 잠자리를 아름답게 꾸미고, 천상의 합창단이 결

혼 축가를 부른다.[10]" 그리고 밤에는 부부간의 사랑의 찬가가 이어진다.

풀밭에서의 격렬한 욕망과 쾌락을 상상하거나 직접 경험한 이들에게는 그러한 경험 자체가 작품의 모티프로 작용했을 것이다. 바로 18세기 연애소설들에 등장하는 음탕한 잔디에 대한 이야기이다. 앞서 비방 드농의 《내일은 없다》에서는 완전한 쾌락을 이끌어내는 언덕에서 펼쳐지는 인상 깊은 도입부에 잔디 벤치가 등장한 것을 이야기했었다.

한편, 로즈 마리 라그라브Rose-Marie Lagrave에 따르면, 20세기 전반기의 전원풍 소설 작가들은 풀 베어 말리는 작업을 성적 구애 행동과 유사한 것으로 보았다. 마치 땅이 발정 난 것처럼 열렬한 정욕을 발산하고 성욕을 자극하며 "강렬한 암내[11]"를 풍기는 것 같다고 썼다. 이 모든 것이 남녀 간에 금기시된 것들을 걷어냈다. 풀 냄새, 그러니까 건초와 밀짚 냄새는 여자들이 상대방이 자신을 애무하도록 내버려두거나 심지어 들판에서 자신의 몸을 내맡기도록 부추겼다.

이제는 소설 작품에서 풀밭에서의 교미를 묘사한 부분들을 살펴보자. 이 행위가 일으키는 풍부한 감정들을 총 여섯 개의 작품을 예로 들어 보여주려 한다. 이 텍스트들은 장황하고 다양한 상상의 세계를 드러낸다. 또한 근대 작품들이다. 이 내용들을 제대로 파악하려면 적어도 제3공화정 초기까지 검열 제도가 있었다는 사실을 염두에 두고 살펴봐야 한다.

졸라는 《무레 사제의 과오》에서 창세기에 나오는 에덴동산의 모습을 가져온다. 성교, 보다 정확히 말해 과오의 계획은 앞서 이미 보았듯이, 풀밭에서의 기나긴 여정을 따라 이루어진다. 풀밭은 무구한 목가에 리듬을 붙여 성적 결합을 준비한다. 맨 먼저 풀에 도취되는 순간이 온다.

이 순간에는 에덴동산을 언급하는 부분이 페트라르카의 시학과 어우러져 구성된다. 알빈은 산책을 하다가 젊은 사제 앞에서 풀을 밟는다. 초원에 놓인 발과 풀밭에 노출된 맨다리는 교미를 준비한다. 그 순간 모든 것이 "풀잎 하나까지도, (세르주를) 황홀감으로 가득 메웠다." 졸라는 "그것은 섹스 이전의 사랑이었다"라고 썼다. "그들의 첫 잠자리인 좁은 잔디는 요람의 순수함을 지니고 있었다." 하지만 세르주의 마음속에서 육체적 쾌락을 향한 욕망이 뚜렷해진다. 다시 몸을 일으키는 순간, 그는 알빈의 몸의 "온기를 간직했던 풀밭의 지면에 빠졌다." 끓어오르는 욕망의 상징인 풀이 그 순간, 에덴동산에서처럼, 자신의 자리를 나무에게 넘겨준다. 서로의 몸이 하나가 되는 광경에서 그저 "풀들은 황홀감에 취해 눈물을 터뜨렸다."

과오를 저지른 뒤에는 치명적인 매력을 지닌 알빈에 대한 생각과 함께 초원의 순결한 오솔길에 대한 기억이 떠오른다. 하지만 이제 세르주의 눈에 풀은 그곳에 누운 자에게 나병을 안기는 존재로 보인다. 졸라는 사제의 마음속에 특히 위협적인 존재로 다가오는 무성한 풀숲을 환영으로 묘사했다. 두려움은 성당 입구에 자라나 있는 악명 높고 뾰족한 식물들로 인해 더욱더 심해진다. 이러한 두려움은 마치 성당의 내부까지 뒤덮을 것처럼 소름끼치는 분위기를 자아내는 나무의 환영으로까지 이어진다. 알빈과 세르주가 마지막 산책을 하는 동안, 세르주가 과오를 저지르기 이전에, 자신의 몸을 숨겨줄 수 있을 것만 같았던 무성한 풀숲이 이제는 "그의 사지를 묶어 이 끝없는 초록빛 바다 깊은 곳에 내던져 익사시키려고 하는 무수히 많은 가느다란 팔처럼" 보였다……. 이제 세르주는 "자신의 발끝이 잔디에 빠져 사라지는 느낌에" 벌벌 떤다.[12] 결국 이 소설에서 풀은 순결의 상징이자 치명적으로 유혹하는 음험한 존재이며 목가의 무대이자 과오의 목격자이며 징벌의 형상이기도 하다. 게다가 풀과 나무 간의 교묘한 줄다리기까지 펼쳐진다.

반면, 장 지오노는 자연, 특히 풀의 모습을 그때그때 자연스레 삽입하며 거친 욕망과 교미에 대한 이야기를 곳곳에 풀어놓는다. 즉, 앞서 예로 든 졸라의 작품과는 대비되는 형식을 보인다. 대표적인 예로 《소생》의 등장인물들은 거의 대부분 동물적 본능을 일으키는 풀밭에 있고, 또 한쪽에는 초록빛깔 시냇물이 흐른다. 또한 《세상의 노래》에서는 교미하는 장면이 소설의 거의 끝부분에 교묘히 들어가 있다. 안토니오와 클라라는 서로 손을 맞잡고 "언덕 꼭대기에 있는 짧게 깎인 풀밭에 드러누웠다." 밤이 왔다. 이미 아기를 가진 적이 있는 클라라는 자신의 과거를 떠올린다. 그 뒤에 안토니오는 "손을 빼서, 이제는 너무 깜깜해서 보이지 않는 클라라의 얼굴을 어루만졌다. 그는 그녀에게 다가가서 두 팔로 감싸 안았다." 좀 더 뒤에 이《세상의 노래》의 마지막 문장이 나온다. 안토니오는 "클라라를 품에 안고 땅바닥에 함께 누울 생각을 하고 있었다.[13]"

폴 가덴은 또 다른 유형의 인물들을 등장시켜, 시몬이 매일같이 풀밭에서 교미하는 마법 같은 일을 보다 자세히 묘사했다. 아리안은 그에게 있어 더 이상 천상의 존재가 아니었다. "살갗을 직접 느낄 수 있는 여인이었다." 날마다 그녀가 어느 순간 나타나면, 그는 그녀 옆에 누웠다. "그녀는 풀밭에서 그의 곁에 누워 단숨에 그녀 안으로 아침부터 흙에 쌓인 열기를 모조리 받아들였다." 아리안은 "행복한 여인으로서의 무게를 온전히 실어 땅을 눌렀다! 그녀의 가슴, 배, 무릎이 부드럽게 일 년 중 가장 연약하고 가냘픈 꽃들 위로 눌렸고 (…) 그 뒤에 다시 자신의 모습을 바라보다가 믿을 수 없을 만큼 가까운 지척에서 남자의 손이 이러지도 저러지도 못하고 있는 모습을 보았다." "그가 그녀를 안았고, 그것은 그들의 사랑 앞에 놓인 경이로움이었다." 시몬이 "우리가 너무도 행복한 순간을 누리고 있는 이 작은 풀밭 테라스에서" 이대로 머무르는 게 좋겠다고 말할 정도로 경이로운 순간이었다. "우리의 운명을 가득 메우도록 말이에요.[14]"

경이로움에 대한 묘사는 계속 이어진다. 좀 더 뒤로 가면 자기 옆에 누운 시몬 곁으로 다가가는 아리안의 몸에 대한 묘사가 나온다. "그녀가 고개를 풀숲으로 숙여, 이마와 눈, 입, 이가 풀숲에 빠지자 그녀와 그 사이에 벌어져 있던 좁은 공간이 이내 그녀가 풀어헤친 머리카락으로 뒤덮였다." 시몬은 아리안이 자기 곁에 다가와 옆구리를 맞대는 것을 느꼈다. "이번엔 그가 땅에 등을 대고 누워 그녀의 양쪽 어깨를 붙잡아 그녀를 들어 올렸고, 그는 어느 여인의 몸이 한 남자 위에 포개어져 만들어내는 이 경이로운 무게를 지탱했다." 두 사람의 무게가 합쳐져 "둘을 흙에 맞닿도록 한 이 축복 받은 순간에 아리안은 고개를 숙여 햇볕을 받아 뜨거운 풀을 이로 뜯었다." 그 순간 시몬은 "세상의 모든 인간사가 이 두 사람 안에 집약된 듯한" 느낌을 받았다. 더 뒤로 가면 시몬이 둘의 결합을 성스러운 일로 여기고 "둘의 영혼과 육체가 결합될 때마다 황홀경에 빠지는" 모습이 나온다.[15]

몇 페이지를 넘기면 눈사태가 일어나 아리안의 몸을 으스러뜨리는 장면이 나오는데, 이 전날까지도 풀이 있는 장소는 자연과의 경이로운 결합을 보여줄 정도로 강렬한 곳이다. 가덴은 작품을 통해 대지와의 접촉을 찬양하고자 했다.

한편, 깊은 숲 속 사냥터지기의 오두막집에서 교미하는 모습은 완전히 다른 차원의 감정들을 불러일으킨다. 당연히, 숲에 사는 한 남자에게 제압당해 몸을 내어준 어느 귀부인이 새롭게 깨달은 쾌락은 그만큼 경이롭지 않다. 《채털리 부인의 사랑》에서는 섹스를 풀밭에서 하지 않는다. 폴 가덴의 소설에서는 두 남녀가 황홀경에 빠져 맛보는 쾌락을 드러내주는 역할을 풀밭이 한다면, 이 작품에서는 오솔길에 핀 작은 꽃들과 상세히 묘사된 몇몇 풀들이 그 역할을 대신한다. 소설의 저자 데이비드 로렌스 David Lawrence가 애무와 다채로운 꽃들로 물든 몸을 그려내는 이야기를 들어보자.

남녀 사이에 긴 대화가 끝나고 "정적이 내려앉았다. 콘스탄스는 연인의 배 위로 몸을 숙인 채, 그녀가 오두막집에 오는 길에 딴 물망초 몇 송이를 그의 금색 음모에다가 엮었다." 이 행위는 두 사람의 만남이 끝날 때마다 반복된다.

또 다른 만남에서는 사냥터지기가 "침착한 손길로 그녀의 치구를 덮은 갈색 음모에다가 물망초 몇 송이를 엮었다. 그가 말했다. 세상에! 물망초가 이제야 제자리를 찾았군요." 이번에는 콘스탄스가 "그의 음경을 덮은 금색 음모에다가 분홍빛 팬지 두 송이를 엮었다. 그녀가 말했다.— 세상에! 당신은 정말 매혹적이군요! 그리고 그녀는 물망초 꽃잎 한 장을 떼어 그의 가슴에 난 검은 털 안에 꽂아 넣었다."

사냥터지기 존은 잠시 숲으로 나갔다가 꽃을 한 아름 안고 되돌아왔다. "솜털이 잔뜩 난 참나무 어린 줄기들을 (콘스탄스의) 젖가슴에 둘러 묶고, 거기에다가 초롱꽃과 팬지 다발을 군데군데 섞었다. 그리고 그녀의 배꼽에 분홍 팬지 한 송이를 놓았다." 존은 결혼을 이야기하며 자신의 음모에 꽃을 꽂고 방패꽃 줄기 한 가닥을 음경에 두른 뒤에 히아신스 한 송이로 배꼽을 장식했다. 그런 뒤에 그녀를 어루만졌다. 존은 마지막 의식으로 "자신이 엮은 꽃들을 올려 둔 콘스탄스의 젖가슴과 배꼽, 치구에 차례로 키스했다.[16]"

작가가 정신적 반응으로 이루어지는 관계가 아니라 "뜨겁고 본능적인 남근의 실재[17]"를 강조한 이 소설에서는 보다시피 오솔길에 난 꽃과 풀들이 아주 중요한 역할을 한다. 두 사람의 육체를 하나로 합쳐주는 형형색색의 식물들은 그들의 성적 결합과 상징적 결혼의 성격을 나타낸다.

존 쿠퍼 포이스 작품에서는 주인공들이 교미하는 장면들이 보다 단순하게 그려진다. 반면에 광활한 초원과 풀밭의 존재감이 상당히 크게 드러난다. 주인공들은 자연과의 영원한 합일에 사로잡힌다. 《글래스톤베리 로맨스》에서는 사촌지간인 메리와 존이 육체적 관계를 맺는 장면이 두 차례 나온다. 두 사람이 바람이 들지 않는 초원을 산책하는데, 그곳에 자란 풀은 다른 곳보다 키가 두 배는 더 컸으며 푸른 빛깔은 더욱 선명했다. 존은 그곳에 자리를 잡기로 하고 포도주 병을 딴다. 메리는 풀밭에 누워 가만히 있다가 손을 땅에 짚고 움직여 존에게 다가가서는 모자를 벗어 풀밭 저 멀리 내던진다. 존은 파리에 다녀와서 이렇게 생각했다. "싱그러운 풀밭에 누워 까슬까슬한 옷감 사이로 그녀의 작은 젖가슴을 느끼다니." 그곳에서는 "싱그러운 풀밭과 댕기물떼새의 울음소리가 한 여인을 향한 무언가 거칠면서도 낭만적이고 금욕적인 사랑을 만들어냈다." "가장 친하게 지내는 여자 친구가 자신의 이상형과 정확히 들어맞는다는 사실"을 자각하는 일은 그야말로 마법 같은 일이었다. "그렇다, 마법 같은 일은 3월의 바람과 추위, 비, 무성하게 자란 싱그러운 풀들과 어우러졌다." 존은 메리를 꽉 껴안았다가 이번에는 놔 준다.[18]

뒤로 가면 강가에서 존이 메리의 바구니를 땅바닥에 놓는 장면이 나온다. "그러다가 우연히 그의 손이 박하 다발을 건드렸는데, 그 순간 놀랍도록 감미로운 향이 올라왔다." 그때부터 "남성적 관능과 여성적 관능"이 서로 오가며 대지의 합일이 이루어진다. 한 쪽의 경험과 다른 한쪽의 무경험이 서로 조화를 이룬다. 둘은 "짝짓기를 하는 남다른 희열"을 느끼며 "완벽한 조화 속에서 사랑을 나누었다.[19]" 둘은 풀밭에 서 있는 그들에게 은밀히 동조하는 나무 아래에서 사랑을 나눈 뒤에 보트로 되돌아간다.

쿠퍼 포이스가 그려낸 허구 세계의 핵심적인 구상들은 발췌한 이 두 군데에 집결되어 있다. 노퍽의 자연 속에 파묻혀 지냈던 과거에 대한 동일한 기억으로 연결된 두 사람의 의식이 필연적으로 둘을 하나가 된 존재로 만든다.

한편, 클로드 시몽Claude Simon이 소설 《풀》에서 어두운 어조로 묘사한 사랑의 마법은 하나가 된 마음에서, 서로를 상스럽거나 혹은 성스럽게 껴안으며 쾌락을 경험하는 데서 비롯된 것이 아니다. 이 작품에서는 여주인공이 식물을 경험하는 일이 그녀의 운명을 좌우하도록 그려낸 부분이 반복적으로 등장한다. 이 소설에서는 풀이 어떤 일의 징조가 되고, 마음의 동요를 일으키는 장면이 세 군데 나온다. 맨 먼저, 루이즈가 "서 있으니, 그녀의 맨 다리를 따라 가만히 흔들리는 풀의 가느다란 혀, 산들바람이 아닌 느리게 소용돌이치는 포근한 공기, 무성하게 자란 잔디와 거미줄처럼 얇고 가벼운 잔디의 얼굴이 그녀의 발목을 스친다. 이 모든 것들이 땅의 푸른 혀들 사이를 유연하게 오가며 흔들리다가, 그녀 주변으로 이러한 열기의 부드러운 진동이 점점 잦아든다." 불길하면서도 유연한 풀들은 마지막에 닥치는 환멸의 징조처럼 보인다.

소설 말미에 교미를 끝내고, 상대방이 담배를 피우는 동안 루이즈는 "꼭 죽은 사람처럼 무기력하게 미동도 없이 풀밭에 누워" 조금씩 "자신의 무게를 다시 의식하기" 시작한다. "마치 그녀가 누워 있는 땅이 다시 만들어지고, 점차 단단해지는 것 같았다. 이제 그녀의 등에 들러붙어 있던 풀잎 하나하나가 짓눌리는 것도 느낄 수 있었다. 또한 그녀의 밝은색 원피스가 (가

숨과 엉덩이, 어깨뼈, 허리 부분에) 황록색으로 얼룩진 모습이 보이고, 그녀의 코를 관통하는 식물의 습한 향기도 맡을 수 있었다. 이 향기가 퍼져 나온 곳은 짓밟힌 풀이 아니라 대지의 가슴 깊숙한 곳이었다."

그 뒤에 루이즈의 격렬한 감정들이 명확해진다. "매번 축축하고 짓밟힌 풀숲 사이에 미동도 없이 누워 있다(귀를 기울이면 들릴 듯 말 듯 속삭이는 소리가 들리는 것 같다. 쓰러져 있던 납작한 풀잎들이 하나씩 차례로 떨어져 나와 단속적으로 몸을 일으키며 내는 바스락거리는 미세한 소리 말이다). 그리고 마침내 담배가 타며 빨간 점이 손에서 튀어 올랐다가 (…) 잿빛 풀숲으로 사라진다." 루이즈가 "은밀히 귀를 기울여 짓눌린 풀이 내는 미세한 소리를 듣고 있자" 그가 그녀에게 "대체 뭐 하는 거야?[20]"라고 묻고는 차를 타고 가 버린다.

이 장면에서는 들릴 듯 말 듯한 소리로 속삭이는 푸르고 단단하며 향기 나는 풀이 루이즈의 모든 감각을 자극한다. 그녀는 서로 마음이 통한 연인의 모습이 아니라 어둡고 습한 밤중에 벌어진 끔찍한 혼란을 이야기했다.

제 12 장

죽은 자들의 풀

(라마르틴)

죽은 자들의 풀
(라마르틴)

풀은 인간의 초월성을 상징한다. 보쉬에 Bossuet는 이러한 상징을 되풀이해서 사용했다. 1670년 8월, 그는 앙리에트 당글르테르 Henriette d'Angleterre의 추도사를 읊으며 시편 102편에서 영감을 얻어 이렇게 목소리를 높였다. "지금껏 부인은 들판의 풀처럼 살아왔습니다. 아침에 그녀가 활짝 핀 모습을 보았습니다. 얼마나 은혜로운 모습이었는지는 익히 잘 알고 있지요. 저녁이 되어 이제는 그녀가 쇠약해진 모습을 보았습니다.[1]" 당시에 보쉬에 말고도 이러한 직유법을 사용하는 설교자들이 또 있었다. 플레쉬에 Fléchier는 당대의 귀족들에 대해 이렇게 힘주어 말했다. "그들의 명성은 풀처럼 마르지요." 이들보다 훨씬 후대 사람인 샤토브리앙Chateaubriand 역시 자신의 인생을 비슷하게 비유했다. "나는 들판의 풀처럼 말랐다.²"

　죽음의 여신이 알리는 죽음은 두말할 것도 없이 풀의 이미지와 긴밀하게 연결되어 있다. 빅토르 위고는 이 주제를 지겹도록 반복했다. "낫의 칼날에 풀은 고개를 숙여야만 하네(《동방시집》)." 《관조시집》에 수록된 〈딸에게〉*에서는 죽음의 여신이 또 다시 나타나고, 그녀는 죽은 자다. 빅토르 위고는 무덤 위에 자라는 풀은 죽음을 비유하는 "해로운 풀"로 보았다.³

　수많은 작가들이 생명의 부활을 빗대어 표현했는데, 그중 풀의 소생 또한 인간이 죽음에 맞서는 필연적인 행동을 상징했다. 마로Marot에 이어 롱사르도 클로드 드 로브스핀Claude de l'Aubespine 의 묘비명에 의문을 제기했다.

"풀밭에 자라는 풀이
계속 다시 지고 핀다는 말은 어디에서 온 것인가?
인간이 무덤에 들어가면
지하로 가서 되돌아오지 않는 것 아니던가?⁴"

---

* 빅토르 위고가 딸이 죽고난 뒤에 쓴 일종의 애도 시이다.

한편, 풀은 오래된 죽음의 동반자이기도 하다. 플로베르는 풀이 폐허에 관한 시에서 중요한 요소라고 생각했다.

> 그는 1846년 8월 26일, 루이즈 콜레에게 이렇게 썼다. "나는 폐허에 자라는 풀이 유난히 좋소. (…) 삶이 죽음의 자리를 찾아 와, 화석이 된 두개골 안에 풀이 자라게 하고, 누군가가 자신의 꿈을 아로새긴 돌에는 노란 무아재비 꽃이 필 때마다 불멸의 원칙이 다시 나타나는 듯하오.⁵"

러스킨 역시 플로베르와 동일한 차원의 감정들을 느꼈다.

> "폐허의 틈새에 자라는 풀들 중에는 잡초가 하나도 없구나. 어느 쪽에서 바라보아도 하나같이 아름답고 심지어 어떤 것들은 이 폐허에 남은 가장 훌륭한 조각품보다도 훨씬 더 아름답네.⁶"

풀을 일부 인간에 관한 작품들과 연관 짓는 것에 의문을 제기한 장 피에르 리샤르도 폐허에는 관심을 기울였다. 공터가 있는 특별한 장소인 이곳에는 "고집스런 풀"이 악착같이 매달려 있다. 그는 풀과 폐허 사이에 분명히 존재하는 암묵적인 약속을 밝혀냈다. 풀은 은폐해야 하는 것을 감추며 "그것이 자기 안에서 모습을 드러내고 어떤 식으로든 말을 하도록 한다. 예컨대 풀은 사라짐과 망각의 가치를 지니면서도, 한편으로는 항상 자기 안에서 되살아나는 잊혀진 것에 대한 추억을 생생하게 만들기도 한다. (…) 폐허가 된 터를 뒤덮은 풀은 우리가 아주 사소한 것이라도 묵상하도록 만드는 카펫이 된다." "적어도 이곳 폐허에는 플라톤의 시대처럼 풀이 자라 있었겠지. (…) 아주 옛날, 만물이 시작된 때에도 이곳에는 풀이 있었으리라.[7]"

한 도시 전체가 폐허처럼 보일 수도 있다. 풀이 포장된 도로를 점령했을 때 그러하다. 이것은 특별한 성격의 두려움을 유발한다. 빅토르 위고는 이러한 경험을 하고난 뒤 이렇게 털어놓는다. 하이델베르크 고성에서 침실과 알코브[*], 벽난로를 보며 "발 아래 밟히는 풀을 느끼고, 고개를 들어 하늘을 바라보는 일은 소름끼치더군." 위고는 다음과 같은 글도 남겼다.

"신이 우리에게 잠시 들판과 샘물을 빌려주었다가 되가져가셨네.

아! 우리의 집, 정원, 그늘도 우리를 까마득히 잊어버리네!

풀은 우리의 문지방을 닳게 하고, 가시덤불은 우리의 발자국을 숨기네.[8]"

---

[*] 방 한쪽에 설치한 오목한 장소로 침대, 책상, 서가 등을 놓고 침실, 서재, 서고 등의 반독립적 소공간으로 사용한다.

이번에는 더 이상 쓸모없게 된 물건들이 조금씩 풀로 뒤덮이는 이야기로 넘어가보자. 프랑수아즈 르노는 요즈음 밭을 방치하는 일이 늘어나는 현상에 대해 사람들에게 경각심을 일깨웠다. 낡은 농기구 혹은 농기계가 풀에 뒤덮인 모습은 예전에 그것들을 다루었던 사람들의 죽음뿐만 아니라 그들의 관록이 소멸되었음을 상기시킨다.[9]

풀은 죽은 자를 되살리기만 하는 것이 아니라 무너뜨리거나 파산시키기도 한다. 풀은 그 자체가 덫이기도 하다. 이러한 면이 풀의 죽음에 관한 주제를 풍부하게 만든다. 우선, 나는 어린 시절 보카주의 초지를 흐르는 강가에서 이러한 경험을 자주 했다. 풀과 깊은 물을 마주하는 순간 막연한 불안감이 들었다. 지나치게 치명적인 매력에서 비롯된 강렬한 감정이었다. 시골에서는 20세기 중반까지도 여자들이 늪이나 풀들로 에워싸인 연못에 들어가 몸을 담그고 있으면, 남자들이 그 모습을 보겠다고 필사적으로 매달려 있곤 했다.

바르베 도르비이Barbey d'Aurevilly는 빨래하러 온 여자들이 옆 초원에 있는 풀밭에 빨래를 널어놓는 그 장소에서 **반했던 여인**이 자살하는 장면을 통해 이처럼 강렬한 감정을 이끌어냈다. 이 여인이 자살한 곳은 바로 아낙네들이 빨래를 하고 빨래를 널어놓는 풀밭 근처였다. 여기에서는 푸르름이 치명적인 연못을 오염시키고, 이 연못은 죽음을 유혹하는 푸르스름한 덫이 된다. 마치 결혼한 사제인 송브르발의 저택 가장자리를 따라 나 있던 연못처럼 말이다. 이 결혼한 사제는 결국 "이 고독한 푸르름 속에" 스스로 몸을 던져 빠져 죽고 만다.

어느 목동이 연못에서 "반했던 여인"의 시체를 끄집어내고 난 뒤, 그 시체를 초원에 전시하라는 법이 만들어진다. 그런데 "아주 화창한 날이 오래도록 이어지던 어느 여름날이었다. 공기는 맑고, 빨래터는 투명했다. 향기로운 풀내음이 났고, 식물을 타고 열기가 올라왔다. 은총이 담긴 꺾은 꽃 한 송이와 함께 가만히 누워 있는 잔느(반했던 여인)의 시체 주변을 벌레들이 맴돌며 윙윙거렸다.[10]" 이 침울한 장면에서 풀은 겨우 잠깐 언급된 정도인데도 독자들은 죽음과 관련된 풀의 역설적 존재감을 강렬히 느낄 수 있다.

완벽한 단조로움을 지닌 초원은 죽음의 장소이다. 프랑시스 퐁주는 자연이 이를 위해 한 치의 오차도 없이 풀을 짧게 깎아 초원을 마련했다고 했다. 짧은 결투 끝에, 적을 쓰러뜨리거나 반대로 자신이 적에 의해 쓰러지는 곳이 바로 초원이라고 했다. 필립 자코테는 결투를 할 때, 초원은 그것이 옳은 일인지 아닌지도 모르는 채 죽음을 용기 있게 생각할 수 있게 한다고 했다.

자살, 즉사의 장소인 초원은 살인 사건의 장소가 되기도 한다. 장 지오노 작 《소생》의 등장인물인 피에몬테 지방의 한 여자가 바구니를 짜러 들판으로 나간다. 그녀는 일하는 동안 세

살짜리 아들을 광주리에 넣어 풀밭에 내려놓고는 노래를 불렀다. "그녀는 아이를 기쁘게 해주려고 꽃을 따다 주기 시작했다." 그러던 어느 날, 그녀는 아이가 풀밭에 "이미 핏기를 완전히 잃고, 몸이 차갑게 식은 채" 누운 모습을 발견한다. "아이의 고사리 손에 쥐어져 있던 잎줄기를 보고서 아이가 독미나리를 먹었다는 걸 알아챘다. 시퍼런 줄기를 발견한 아이는 그리 멀지 않은 곳에서 들려오는 엄마의 노랫소리를 들으며 그게 뭔지도 모르고 먹었던 것이다.[11]" 그 뒤로 말라 죽은 것 같은 풀이, 아이를 죽인 장본인인 풀이 계속해서 이 비극적인 장소를 지키며 아이의 죽음을 알려주었다.

이 소설의 또 다른 등장인물인 팡튀를르가 자신의 어머니가 돌아가신 것을 발견하고는 시신을 등에 업고 "그 마을에 하나밖에 없는 작은 초원"으로 데려가는 장면이 나온다. 그는 어머니의 시신을 풀밭에 내려놓고, 완전히 옷을 벗겨 온몸을 구석구석 씻어 내고 커다란 천에 싸서 땅 속에 묻는다.[12]

이처럼 풀에서 장례를 치르는 장면은 전쟁 중 죽은 병사들의 시신을 풀덤불에 묻는 모습을 떠오르게 한다. 랭보의 시 〈골짜기에 잠든 사람〉에 나타난 이 장면은 프랑스 사람이라면 학창시절 때부터 배워 익히 잘 알고 있는 부분이기도 하다. 빅토르 위고는 전쟁터에 나 있는 풀에 대해 극도의 공포심을 표현하기도 했다. 《어느 범죄 이야기》에서 **로쿠스 아모이누스**의 모습을 큰 붓으로 그리며, 꽃들과 새의 지저귐, 산들바람, 그늘이 드리운 풀, 소의 울음소리와 같이 이상적인 목가적 풍경을 이루는 것들을 나열한 뒤, 비통한 분위기 속에서 비극적 사건을 묘사한다. 바로 스당 전투에서의 참패 말이다.

"검은 숲과 닮은 듯한 모습의 초목이 얼마나 두려운 모습으로 모든 고지들을 점령했는지 모른다." "이토록 두터운 풀숲이 꽃으로 가득 차 있었다." 이 병적인 푸르름은 끔찍한 덫이었다. 말 천오백 마리와 병사 천오백 명이 이곳 "두터운 풀숲"에 묻혀 있었다. 이 "끔찍한 장소"에는 "불길한 식물들"이 자라난 언덕들이 곳곳에 흩어져 있었는데, 그 식물 하나하나가 "매장된 병사 한 명 한 명의 자리를 나타냈다.[13]"

묘지 위로 빽빽이 자란 잔디[14]는 성스럽다. 그곳의 풀을 뜯는 일은 부정한 일로 여긴다. 특히 영국 사람들은 그곳에 잡초가 자라지 못하도록 애초에 뿌리를 뽑으려 애쓴다. 그런데 플로베르는 그것에 대해 완전히 다르게 생각했다. 1851년 9월 28일, 그는 루이즈 콜레에게 쓴 편지에서 런던 하이게이트 묘지를 들른 이야기를 들려주었다.

"실은 나는 묘지들 중에서도 훼손되어 황폐해지고, 가시덤불이 우거지고 풀들이 무성히 자라 폐허가 된 것들이 좋소. 가까운 밭에서 소가 넘어와 얌전히 풀을 뜯어먹고 있는 묘지를 보는 것도 좋구려.¹⁵"

위스망스의 《피항지에서》에서는 등장인물 자크가 마을의 성당 입구 근처에서 폐허가 된 묘지를 마주하고 보다 불가사의한 감정을 느낀다. "잡초와 검은 나무, 녹슨 주철로 된 십자가들로 가득했다." 이 묘지는 "나뭇가지들이 복잡하게 뒤얽힌 전쟁판 같았다." "뒝벌들이 자신의 무게를 견디지 못하고 두 동강으로 나뉜 채 흔들거리는 꽃들 위에서 윙윙거렸고, 나비들은 바람에 취한 듯 옆으로 날아갔다." 자크는 "무성한 풀숲 사이로 성당 쪽으로 어렴풋이 나 있는 오솔길을" 따라갔다.¹⁶

졸라가 《무레 사제의 과오》에서 묘사한 알빈의 장례식 장면은 또 다른 감정의 타래를 풀어낸다. 묘지에서는 "장례 행렬의 발걸음에 짓밟힐 때 나는 작은 소리들이 숨죽여 흐느끼는 것처럼 들렸다." "무성하게 자란 수풀 사이로 큼지막한 구덩이가 파여 있었고, 그 주변을 따라 키 큰 식물들은 뿌리가 반쯤 뽑힌 채 고개를 숙이고 있었다. (…)¹⁷"

그보다 한 세기 전에는 괴테의 《선택적 친화력》에서 샤를로테가 조상이 묻힌 묘소를 옮기는 일을 유감스럽게 생각하는 일부 신자들의 반대를 무릅쓰고 원래 있던 묘지를 새롭게 정리하는 일을 감행한다. 이 장면은 정원의 역사와 풀의 욕망의 역사와 관련된 흐름에 변화가 생겼음을 보여준다. 성당의 기본 교리와 어긋나게 묘소가 이전되고 정리되었던 것이다. "나머지 땅은 평평하게 만들어 놓았다. 성당 쪽으로 난 넓은 길을 제외하고 성당 둘레에, 그리고 반대편에 난 작은 문 앞에 파종해 놓은 여러 종의 토끼풀들이 푸르러지고 꽃도 흐드러지게 피었다. 새로운 무덤들은 일정한 순서에 따라 끝에서부터 차례로 배치되는데, 그때마다 매번 그 자리를 평평하게 고르고 파종해야만 했다." 그래서 신부는 성당 입구 앞쪽으로 "무덤이 울퉁불퉁하게 솟아 오른 투박한 땅이 아니라 오색찬란한 멋진 카펫이 깔린 모습을" 보게 된 것이다.[18]

더 놀라운 부분도 있다. 때론 침대 혹은 침대보처럼 보이는 풀과 무덤 사이의 밀접한 관계이다. 미국에서는 휘트먼이 1855년에 "풀은 무덤들의 아름다운 머리칼"이라고 표현하며 풀에게 말을 건다. 그는 풀에게 시체들과 무슨 사이냐고 묻는다.

"아마도 그대는 젊은 사람들의 가슴에서 비롯되었을 것이다,
아마도 내가 그들을 알았다면 나는 그들을 사랑했을지도 모른다,
아마도 그대는 나이 든 사람들과 여인들, 엄마 품에서 너무 일찍 떨어져 나온 자식들에게서 비롯되었을 것이다,
그리하여 그대는 이곳에서 엄마의 품속인 것이다.
이 풀잎은 나이 든 어미들의 백발이 된 머리에서 나왔다 하

기엔 너무 어둡고

늙은 남자들의 희끄무레한 수염보다는 어둡고

색이 옅어진 목구멍에서 솟아났다 하기엔 너무 어둡다.[19]"

라마르틴은 무덤과 "(자신의) 어머니를 덮은 신성한 잔디" 앞에서 눈물을 흘리며 분개했다. "비루한 경작지"를 비옥하게 하는 일에 한평생을 바친 그녀를 떠올리며 말이다.

"그녀의 무덤을 뒤덮은 죽음의 풀이

내 발 아래에서 보다 짙고 푸르게 자라려면!

한 줌의 재만으로도 충분치 않겠는가![20]"

《내면의 목소리》에 실린 〈4월〉에 나타나는 빅토르 위고의 몽상은 덜 어둡다. 그는 루이 불랑제에게 말한다.

"우리 둘 모두 미나리아재비가 반짝거리는

풀 아래 잠든 아름다운 소녀를 생각하겠지요."

"올 겨울 어머니가 4월의 초록빛 드레스를

지어주기로 했던[21]" 그녀를.

자신이 훗날 죽어 묻힐 곳을 떠올리는 일은 풀을 향한 욕망에서 비롯될 때가 많다. 이 주제는 수 세기에 걸쳐 반복되었다. 롱사르는 〈자신의 묘 선택에 관하여〉에서 이 주제를 다루었다.

"모든 것이 그곳 주변을 에워싸고 가둬놓는 곳
풀과 물결이 속삭이는 곳,
풀은 늘 푸르고,
물결은 늘 굽이치는 곳."

롱사르는 자신을 위해 푸르른 앞날을 바랄 뿐만 아니라 다음과 같이 바라기도 했다.

"푸른 무덤이 매년
잔디로 뒤덮여 있기를"

또한 그는 "감미로운 풀과 샘물, 꽃을" 사랑한 마르게리트 드 발루아Marguerite de Valois*를 떠올리며 양들에게 경고했다.

"이곳 초원의 풀은 뜯어먹지 말거라,

---

* 16세기 프랑스의 왕비로 앙리 2세의 딸이며 마고 왕비로도 불린다. 앙리 4세와 정략결혼하여 성 바르톨로메오 학살 사건의 한 가지 원인이 되기도 했다.

> 발루아의 님프에게
>
> 이 모든 풀은 성스러운 존재이니.²²"

2세기 뒤 나온 소설에서 베르테르는 로테에게 보낸 마지막 편지에서 이제 자신은 죽기로 결심했다고, 그녀더러 나중에 산에 오를 일이 있으면 "석양 속에 높이 자란 풀들이 쓸쓸이 바람에 나부끼고 있는 (…)²³" 자신의 무덤을 바라봐 달라고 이야기했다.

모리스 드 게랭은 친구 중 한 명이 막대기를 들고 잔디 위에 무덤을 그리고선 다음과 같이 말했다는 사실에 흥분하고 놀랐다. "내가 편히 잠들고 싶은 곳이라네. 묘석도, 소박한 잔디 벤치 하나도 없는 곳이지만 말이네. 오, 내가 정말 이곳에 잠든다면!²⁴"

라마르틴도 자신의 고향 밀리를 떠올리며 같은 소망을 읊조렸다.

> "이곳 들판에 내가 바라는 잠자리를 만들어주오
>
> (…)
>
> 내 머리 위로 들판에 자란 풀 침대를 펼쳐주오
>
> 마을의 어린 양이 봄이 오면 풀을 뜯어먹을 수 있도록
>
> (…)

나를 아끼는 땅에 섞인 나의 재가

나의 영혼 바로 앞에서 생명을 되찾고,

풀밭에서 푸르러지고, 꽃밭에서 꽃피우기를.[25]"

빅토르 위고 역시 《관조시집》에서 동일한 바람, 혹은 적어도 같은 종류의 몽상이라 할 수 있는 이야기를 풀어냈다.

"머지않아 (…)

싱그런 잔디 한가운데에 펼쳐진

순결한 풀밭에 내 무덤도 만들어지겠지.[26]"

죽어서 초목에 잠들고 싶은 바람이 반복적으로 등장하는 것보다 더 인상적인 것은 무덤에 자란 풀이 어떤 말을 건네는 모습을 묘사해놓은 부분이다. 관을 뒤덮은 잔디에서 들려오는 기도는 라마르틴의 작품에서 되풀이되는 주제이다. 라마르틴은 《새로운 명상시집》에서 자신의 무덤을 떠올리며 마음을 달래는 어느 죽음을 앞둔 사람을 이야기했다.

"관을 뒤덮은 잔디와 그림자와 침묵 속에서

기도를 외는 소리가 터져 나오네.[27]"

이에 반해 모파상은 그의 작품을 해석한 루이 포레스티에Louis Forestier가 지적했듯이, 풀의 존재가 불멸을 보장해주지도 어떠한 내세의 삶을 보장해주지도 않는다고 바라보았다. 무덤 위에 무성히 자란 풀의 광경이 강렬하게 다가오는 것은 그저 그 풀들이 시체 위에 자라 있기 때문이라고 했다. 늙은 말 코코가 굶어 죽고, 사람들이 더 이상 쓸모없는 그 말을 그 자리에 묻어버리는데, 그러자 "그 가엾은 시체를 양분 삼아 그곳에서 푸르고 생기 넘치는 풀이 빽빽이 자랐다.[28]"

한편, 빅토르 위고가 자신의 작품 전반에 걸쳐 풀어낸 풀과 관련된 감정들은 강렬하고 다양하다. 앞서 이와 관련해 여러 차례 예를 들어 보여준 부분 이외에도 이러한 감정들을 간단하지만 심오한 묘사를 통해 드러낸 부분들이 더 있다. 예컨대, 《빛과 그림자》에서는 "우리 모두가 언젠가 잠들게 될 죽은 자들의 정원에서"라고 표현했다. 그리고 다음과 같은 구절도 있다.

"여기가 바로 내가 살아갈 곳일지니 (…)
풀밭에서 내가 떠들어대니 죽은 자들이 즐거워하는구나.[29]"

그의 딸 레오폴딘과 "그녀의 무덤에 자란 차갑고 푸른 잔디"에 바친 시 〈빌키에에서〉에 표현된 슬픔은 심오하다.

"풀은 자라고 아이들은 죽어야만 하네.[30]"

장 발장은 비극적인 최후를 맞는다. 페르 라쉐즈 묘지에 있는 그의 무덤에는 사라짐을 상징하는 키 큰 풀들이 무성하게 자라 있다. 빅토르 위고는 "풀은 가리고 비는 지우네"라고 표현했다.[31]

한편,《작은 것의 위대함》에서도 관점은 완전히 다르지만 여전히 풀은 강렬한 인상을 준다. 이 작품에서는 풀이 목동과 별들의 대화에 끼어든다. 풀이 우주적 관계에 관여한다. 동시대에 휘트먼 역시 풀과 천체를 연관 지어 이야기했다. 그는 풀밭에 털썩 주저앉아 쉬운 말로 풀어냈다.

"나는 그대가 저기 천상의 별들이네, 라고 속삭이는 소리를 듣는다,
아 태양이여, (…) 아 무덤의 풀이여, (…)
당신이 아무 말도 하지 않으면 어찌 내가 무어라 말할 수 있겠는가?"

좀 더 뒤로 가면 다음과 같은 구절도 나온다.

"내가 사랑하는 풀에서 다시 자라나기 위해 나는 스스로 기꺼

이 수렁에 빠지러 한다,

그대가 다시 나를 원한다면 그대 구두창 밑에서 나를 찾으라.[32]"

사실 꼭 무덤에 자란 풀이 아니더라도, 죽음에 맞선 안식처인 풀은 그 자체로 망자에 대한 기억을 간직하기에 충분하다. 모리스 드 게랭은 자신이 그토록 사랑했던 친구 마리의 죽음을 이야기하며 이를 강렬히 표현했다.

"풀잎에 숨어들어 은은히 풍기는 당신에 대한 추억의 향기를 다시 맡을 수는 없을까. 여전히 울리는 가벼운 떨림으로 이름 모를 꽃의 꽃밥을 살며시 흔들어 놓는 당신의 감미로운 목소리를 다시 들을 수는 없을까.[33]"

에필로그

질 클레망이 묻는다. 풀은 어찌되었느냐고. 그 대답은 이 책에서 말하고자 하는 주제를 넘어선 영역에 있다. 이에 대한 답은 "움직이는 정원"이라는 틀 안에서 풀을 신경 써서 살피고 변형시키고 다듬는 일을 하는 수많은 식물학자들과 국토 정비 전문가들에게 구해야 할 것이다.

이미 살펴봤듯이 풀의 지금의 모습은 아주 오래 전부터 실을 엮어 짠 결과물이나 그것의 연장선상에 있는 것처럼 보일 때가 많다. (역사를 떠나서) 지금 우리가 사는 세상에는 불가항력의 일들이 아주 많이 벌어지고 때때로 긴장 상황으로까지 이어지는 듯싶다. 다른 영역들과 마찬가지로 전조적 움직임으로 인지된 것들이 무위로 돌아가고 만다. 게다가 사람들이 풀을 인지할 때 이제는 "땅"에 대해 이야기하기보다 오히려 "세계"에 대해 이야기하려 한다.

에필로그

이러한 이야기 중에서도, 물론 모든 곳에서 그러한 것은 아니지만 특히 어린아이와 풀의 세계 사이의 관계 단절을 비중 있게 다루는 주요 연구 자료들이 눈에 띈다. 이러한 단절만으로도 감정의 역사를 어지럽게 만들고, 향수를 그리는 일을 방해한다. 요컨대 세대 간에 금이 더욱 깊게 그어진 것이다. 과거의 농업적 기반이 무너지면서 풀밭에서 이루어지던 감각적 경험들을 하기가 어려워졌다. 아이들이 비탈진 초원을 뒹굴거나 남녀가 무성히 자란 풀숲 안에서 사랑을 나누는 일과 같이 풀이 우리에게 허용해주는 일련의 행위들이 사라지게 된 것이다.

잡초를 향한 시선도 바뀌었다. 사실 잘 가꿔진 풀을 향한 찬미와 이 "해로운 풀"을 향한 찬양 사이의 줄다리기는 이미 18세기부터 있어 왔다. 그런데 우리는 수많은 도시에서 "자연적"이라 칭하는 공원들이 늘어나고 있는 상황 속에서도 한편에서는 여전히 잔디 깎는 기계를 사용하고 있다.

파리의 페르 라쉐즈 묘지만큼 이러한 변화를 한눈에 대조적으로 들여다볼 수 있는 장소는 또 없을 것이다. 입구 왼편으로는 아주 짧게 깎인 잔디로 구성된 "추모의 정원"이 보이고, 오른편으로는 마구잡이로 자란 풀들로 메워진 자유로운 정원이 보인다.

중요한 것은 그리움에서 비롯된 풀을 향한 깊은 열망이라고 생각한다. 이제는 보도에 자란 잡초를 뽑아버리지 않고 그대로 두고, 창가와 건물 지붕에 화분을 올려두는 일뿐만 아니라 19세기부터 파리의 나무들 주변에 쳐져 있던 철책들을 치워버리고 그 자리에 풀을 위한 자그마한 공간들을 마련하는 일을 두 팔 벌려 환영할 때이다. 이러한 일련의 움직임 덕분에 미디어의 관심을 끌고 있고, 그동안 조금씩 잃어버렸던 감정을 다시 메우고 있다.

처참하게 구획 정리를 했던 일은 이제 야유를 받고, 다시금 보카주들을 부활시키려는 움직임들이 조금씩 일어나고 있다. 사람들은 예전에 낫을 들고 길가에 자란 풀을 조심스레 다루던 도로 보수 인부를 떠올리며, 풀이 자란 공간들을 거대한 기계를 사용해 보수 작업하는 일을 비판하기 시작했다. 인간의 건강에 해롭다고 살충제를 사용하지 않다 보니 작은 꽃들이 목초지와 초원을 알록달록하게 물들인 모습도 다시 볼 수 있게 되었고, 사람들이 긴 산책길을 따라 걷는 일이 늘어나면서 플로베르가 말한 기쁨도 다시 느낄 수 있게 되었다.

물론 '대지 미술 land art*' 예술가들이 작업할 때 풀보다는 돌, 나무, 호수 등을 소재로 훨씬 더 많이 사용했지만, 거듭 말하자면 정원사들은 그렇지 않다.

나는 이 책에서 풀의 운명을 예언하려는 것이 아니다. 그 운명은 아마도 풀이 어디에 있느냐에 따라 다르지 않겠는가. 그것이 이로운 풀이든 해로운 풀이든지 간에 풀로 인해 일어난 감정들이 어떠했는지를 다시 살펴보는 일만으로도 우리는 풀의 운명에 관한 긴 이야기를 제대로 읽어보는 느낌이 들 것이다.

---

* 미니멀 아트의 영향 아래 '물질'로서의 예술을 부정하려는 경향과 반문명적인 문화현상이 뒤섞여 생겨난 미술경향이다.

〈베이월〉, 프랑수아 메솅(François Méchain), 실버 프린트 트립틱, N.과 B. 디보드 (420*115cm), 1994년. 느르망디 바이윌 성의 공원에서 주변의 풀, 죽은 밤나무, 너도밤나무 통나무로 임시적으로 설치한 조소(840*220*230cm). '대지 미술(land art)'을 표방하는지의 여부를 떠나, 자연을 소재로 작품 활동을 하는 현대 예술가들은 대체로 풀보다는 나무, 숲, 돌을 소재로 삼을 때가 더 많다. 하지만 이 세 장의 사진이 말해주듯, 그도 풀을 소재로 삼는다.

참고문헌

프롤로그

1 Arthur Rimbaud, *Poésies-Une saison en enfer-Illuminations*, Gallimard, coll.(전집) 《Poésie/Gallimard, n° 87》, 1999, 《Soir historique》, p. 239.

제1장 풀, 태초의 무대

1 Yves Bonnefoy, *Le lieu d'herbe*, Galilée, 2010, p. 18. (이 짧은 책은 상당히 심도 있게 풀을 파헤친 작품이다.)

2 Ralph Waldo Emerson, *Nature*, dans *Essais*, Michel Houdiard, 2009, p. 19. (에머슨의 글은 1836년도에 출간되었다.)

3 Yves Bonnefoy, *Le lieu d'herbe*, op. cit.(앞서 게재한 책), p. 20.

4 Henry David Thoreau, *Essais*, Marseille, Le Mot et le Reste, 2007, 《Teintes d'automne》, p. 273.

5 Cité(인용) par Philippe Jaccottet, *Œuvres*, Gallimard, coll. 《Bibliothèque de La Pléiade》, 2014, 《Carnets, 1995-1998》, p. 1045.

6 Walt Whitman, *Feuilles d'herbe*, José Corti, 2008, p. 59.

7 Philippe Jaccottet, *Œuvres*, op. cit., 《Aux liserons des champs》, p. 1115 et note(출처) 1550.

8 Walt Whitman, *Feuilles d'herbe*, op. cit., p. 25.

9 *Œuvres*, op. cit., 《La Semaison》, 《Carnets, août 1965》, p. 385. (필립 자코테는 이러한 풀의 특징들을 이 작품을 통해 길게 풀어냈다.)

10 Victor Hugo, *Les voix intérieures*, Gallimard, coll. 《Poésie》, 1964, 《La Statue》, p. 329.

11 Philippe Jaccottet, *Œuvres*, op. cit., p. 1118.

12 Philippe Jaccottet, *Œuvres*, op. cit., 《La Semaison》, p. 626, 《L'Ignorant》, p. 147, et 《Même lieu, même moment》, p. 502.

13 Jean-Pierre Richard, 《Scènes d'herbe》, dans *L'État des choses*, Gallimard, 1990, p. 36.
14 Denise Le Dantec, 《La force du plus fragile》, dans 《Herbes sages, herbes folles》, La grande oreille, n° 50, juillet 2012, p. 64.
15 Thomas Hardy, *Loin de la foule déchaînée*, Archipoche, 2015, p. 139.
16 Paul Gadenne, *Siloë*, Le Seuil, 1974, p. 472-473 et 486.
17 Robert Musil, *L'homme sans qualités*, Le Seuil, 2004, t. II(제2권), p. 632.
18 Goethe, *Poésies/Gedichte*, Aubier, collection bilingue, 1982, t. II, p. 75.
19 Jean Giono, *Regain*, Le livre de poche, 1995, passim(여러 곳에서 인용).
20 Francis Ponge, *Œuvres complètes*, Gallimard, 2002, t. II, 《La fabrique du pré》, p. 476.
21 Denise Le Dantec, *L'homme et les herbes*, Éditions Apogée, 2010, p. 25.
22 Francis Ponge, 《La fabrique du pré》, op. cit., p. 489.
23 Philippe Jaccottet, *Œuvres*, op. cit., voir(참조) p. 1499, citation(인용) dans 《Cahier de verdure》, p. 757.
24 Keith Thomas, *Dans le jardin de la nature*, Gallimard, 1985, p. 295-303.
25 Ronsard, *Œuvres complètes*, Gallimard, coll. 《Bibliothèque de La Pléiade》, t. I(제1권), 1993, p. 670.
26 Virgile, *Bucoliques. Géorgiques*, Gallimard, coll. 《Folio classique》, Troisième Géorgique, p. 237.
27 Michel Pastoureau, *Vert*, Le Seuil, Points Histoire, 2017, p. 129-130.
28 Goethe, *Poésies*, op. cit., t. II, 《Printemps précoce》, p. 499, 《Mai》, p. 623, 《Printemps l'année durant》, p. 625.
29 Rainer Maria Rilke, *Œuvres*, Le Seuil, 1966, t. I, Prose, p. 507.
30 Stéphane Mallarmé, *Poésies*, Garnier Flammarion, 1989, p. 230.
31 Colette, *La maison de Claudine*, Fayard / Hachette littérature, 2004, 《Printemps passé》, p. 150.
32 Jean Giono, *Le chant du monde*, Gallimard, 1934, réed.(개정판) coll. 《Folio》, 1976, p. 259 et 260.
33 Hermann Hesse, 《Mon enfance》, dans *La leçon interrompue*, Calmann Lévy, 2012, p. 50 et 51.
34 Philippe Jaccottet, *Œuvres*, op. cit., 《Mai》, p. 707.
35 Walt Whitman, *Feuilles d'herbe*, op. cit., p. 29.

36 Gustave Flaubert, *Correspondance*, Gallimard, coll. 《Bibliothèque de La Pléiade》, t. II, 1980, p. 557.

37 Michel Collot, 《Sur le pré de Francis Ponge》, dans Jean Mottet(dir.(감수)), *L'herbe dans tous ses états*, Seyssel, Champ Vallon, 2011, p. 22.

38 Henry David Thoreau, *Walden ou la vie des bois*, Gallimard, coll. 《L'imaginaire》, p. 310, cité par Philippe Jaccottet, *Œuvres*, op. cit., 《Carnets, 1995-1998》, 《La Semaison》, p. 1052.

39 Cité par Philippe Jaccottet, *Œuvres*, op. cit., 《Carnets, 1995-1998》, p. 1045.

40 Jean-Pierre Richard, *L'état des choses*, op. cit., p. 25.

41 Ibid.(상동), p. 37.

42 Denise Le Dantec, *L'homme et les herbes*, op. cit., p. 416.

43 John Cowper Powys, *Wolf Solent*, Gallimard, coll. 《NRF》, [1961] 1967, p. 94-95.

44 Henry David Thoreau, *Essais*, op. cit., 《Teintes d'Automne》, p. 271.

45 Hubert Voignier, *Les hautes herbes*, Cheyne éd., 2004 et 2011, p. 11-14.

46 Ibid., p. 24 et 35.

47 Philippe Delerm, *Les chemins nous inventent*, Stock, 1997-1998, p. 121.

48 Keith Thomas, *Dans le jardin de la nature*, op. cit., p. 354-355.

49 Marcel Proust, *Jean Santeuil*, Gallimard, coll. 《Quarto》, 2001, p. 348 et 323.

50 Denise Le Dantec, *L'homme et les herbes*, op. cit., p. 435. (이 책의 432~435쪽에 잡초를 자신의 작품에 다룬 예술가들이 차례로 나와 있다.)

51 John Cowper Powys, *Wolf Solent*, op. cit., p. 523.

52 Gustave Roud, *Anthologie*, par Philippe Jaccottet, Segers, coll. 《Poètes d'aujourd'hui》, 2002, 《Épaule》, p. 113.

53 Jacques Réda, *L'herbe des talus*, Gallimard, 《Folio》, 1996, p. 187 et 185.

54 Élisée Reclus, *Histoire d'un ruisseau*, Arles, Actes Sud, coll. 《Babel》, 1995, p. 129 et 137.

55 Philippe Delerm, *Les chemins nous inventent*, op. cit., p. 82.

56 Victor Hugo, *Œuvres complètes, Voyages*, Robert Laffont, coll. 《Bouquins》, 1987, 《Le Rhin》, p. 70, 113, 114, 146.

57 Olivier de Serres, *Le Théâtre d'agriculture et mesnage des champs*, Arles, Actes Sud, coll. 《Thésaurus》, 2001, p. 243-244.

58 Keith Thomas, *Dans le jardin de la nature*, op. cit., p. 351-353.
59 Henry David Thoreau, *Journal*, 1837-1861, présentation(설명) de Kenneth White, Denoël, 2001, p. 191.
60 Henry David Thoreau, *Essais*, op. cit., 《Teintes d'automne》, p. 268.
61 Victor Hugo, *Les Contemplations*, Librairie générale française, 2002, p. 324.
62 Jean-Pierre Richard, *L'état des choses*, op. cit., p. 12.
63 *Proust/Ruskin*, éd.(편집본) par Jérôme Bastianelli, Robert Laffont, 2015, Ruskin, 《La nature》, p. 762.
64 Gilles Deleuze, Félix Guattari, *Mille plateaux : capitalisme et schizophrénie 2*, Éditions de Minuit, 1980, p. 29.
65 Lucrèce, *De la nature des choses*, Livre de poche classique, 2002, V, p. 529, 531, 581.
66 Alphonse de Lamartine, *Œuvres poétiques complètes*, Gallimard, coll. 《Bibliothèque de la Pléiade》, 1963, p. 784-785.
67 Victor Hugo, *Les Contemplations*, op. cit., 《Ce que dit la bouche d'ombre》, p. 507, 《Magnitudo Parvi》, p. 268, 《Croire mais pas en nous》, p. 407, 《À celle qui est restée en France》, p. 546.
68 Ibid., 《Oui, je suis le rêveur》, p. 107.
69 Walt Whitman, *Feuilles d'herbe*, op. cit., p. 109.
70 Philippe Jaccottet, *Œuvres*, op. cit., 《Carnets, août 1990》, p. 942.
71 Ibid., 《Trois fantaisies》, p. 709.
72 Michel Delon, dans Alain Corbin, Jean-Jacques Courtine et Georges Vigarello (dir.), *Histoire des émotions*, Le Seuil, t. II, p. 23.
73 John Milton, *Le Paradis perdu*, traduction(번역본) de Chateaubriand, Gallimard, 《Poésie》, 1995, p. 123, 126, 221.
74 Philippe Thiebaut, *Pudeur*, Éditions de la Table Ronde, 2014.
75 Philippe Delerm, *Les chemins nous inventent*, op. cit., p. 77.
76 Keith Thomas, *Dans le jardin de la nature*, op. cit., p. 351, n. 1.
77 Victor Hugo, *Les Misérables*, Gallimard, coll. 《Folio classiques》, 1995 ; Édition(편집본) d'Yves Gohin, t. 1, p. 233.
78 Jules Michelet, *L'insecte*, Éditions des Équateurs, 2011, p. 286. (그렇지만 뒤에 기술된 내용처럼 풀잎 위의 전쟁도 엄연히 존재한다.)

제2장 풀, 유년의 추억

1   Jean-Pierre Richard, *L'État des choses*, op. cit., p. 14 et 16.
2   René Char, *Œuvres complètes*, Gallimard, coll. 《Bibliothèque de la Pléiade》, 1995, 《Feuillets d'Hypnos》, p. 192.
3   Yves Bonnefoy, *Le lieu d'herbe*, op. cit., p. 28. (해당 문단과 관련한 내용은 특히 이곳에 나와 있다.)
4   George Sand, *Œuvres autobiographiques*, I., *Histoire de ma vie*, Gallimard, coll. 《Bibliothèque de la Pléiade》, 1970, p. 556-557.
5   Victor Hugo, *Œuvres complètes, Voyages*, op. cit., 《Pyrénées》, p. 762.
6   Julien Gracq, *Carnets du grand chemin*, Paris, 1992, cité par Antoine de Baecque, *Écrivains randonneurs*, Omnibus, 2013, p. 841.
7   Nicolas Delesalle, *Un parfum d'herbe coupée*, Librairie générale française, 2014, p. 119 et 285.
8   Françoise Renaud, *Femmes dans l'herbe*, Vichy, Aedis, 1999, p. 122.
9   Guth des Prez, 《Souvenirs d'enfance》, dans 《Herbes sages, herbes folles》, La grande oreille, n° 50, juillet 2012, p. 9 et 11.
10 Philippe Jaccottet, *Œuvres*, op. cit., 《Carnets, mai 1973》, p. 626.
11 Yves Bonnefoy, *Le lieu d'herbe*, op. cit., p. 41.
12 Valentin Jamerey-Duval, *Mémoires. Enfance et éducation d'un paysan au XVIIIe siècle*, présenté(설명) par Jean-Marie Goulemot, Minerve, 2011, notamment p. 78.
13 Jean-Jacques Rousseau, *Rêveries du promeneur solitaire*, Librairie générale française, 2001, p. 133 et 149.
14 Bernardin de Saint-Pierre, *Études de la Nature*, Publications de l'université de Saint-Étienne, 2007, p. 560.
15 Maurice de Guérin, *Œuvres complètes, Le Cahier vert*, Classiques Garnier, 2012, p. 56.
16 Alphonse de Lamartine, *Œuvres poétiques complètes*, Gallimard, coll. 《Bibliothèque de la Pléiade》, 1963, *Nouvelles méditations poétiques*, 《Les préludes》, p. 165, *et Harmonies poétiques et religieuses*, 《Milly》, p. 395 et 397.
17 Eugène Fromentin, *Œuvres complètes, Dominique*, Gallimard, coll. 《Bibliothèque de la Pléiade》, 1984, p. 404.
18 George Eliot, *Le moulin sur la Floss*, Gallimard, 2003, p. 69.

19 William Wordsworth, *Poèmes*, Gallimard, 《Poésie》, 2001, 《Le prélude》, p. 63 et 65, 《À un papillon》, p. 121, 《Au coucou》, p. 123 et 125.

20 John Ruskin, extrait(발췌) de *Les sept lampes de l'architecture*, cité dans *Proust/Ruskin*, op. cit., p. 739.

21 Walt Whitman, *Feuilles d'herbe*, op. cit., p. 265.

22 Giacomo Leopardi, *Canti*, Gallimard, 《Poésie》, 1964-1982, 《Le premier amour》, p. 64.

23 Henri Bosco, *L'Âne Culotte*, Gallimard, 1937, p. 119.

24 Colette, *Les vrilles de la vigne*, Fayard, 2004, p. 115.

25 Hermann Hesse, *La leçon interrompue*, op. cit., 《Mon enfance》, p. 23, 26, 20 et 21.

26 Paul Gadenne, *Siloë*, op. cit., p. 177.

27 Robert Musil, *L'homme sans qualités*, Le Seuil, 2014, t. I, p. 875.

28 Textes cités(인용문) par Guy Tortosa, 《Herbier, Journal》, dans Jean Mottet (dir.), *L'herbe dans tous ses états*, op. cit., p. 91 et 92.

29 Denise Le Dantec, *L'homme et les herbes*, op. cit., p. 291.

30 Walt Whitman, *Feuilles d'herbe*, op. cit., p. 59.

31 Victor Hugo, *Les rayons et les ombres*, op. cit., p. 288.

32 Victor Hugo, *Voyages, Le Rhin*, op. cit., p. 129.

33 Victor Hugo, *Les contemplations*, op. cit., 《Pauca Meæ》, p. 281.

34 Gustave Flaubert, *Madame Bovary*, Gallimard, 《Folio classique》, 2001, p. 244.

제3장 목장에서의 경험

1 Francis Brumont (éd.), *Prés et pâtures en Europe occidentale*, Toulouse, Presses universitaires du Mirail, 2008. (이어지는 상세한 내용은 주로 이 책에서 차용했다.)

2 Pierre Lieutaghi, dans Olivier de Serres, *Le théâtre d'agriculture*…, op. cit., p. 53 et 48.

3 Ibid., p. 437, 438, 441 et 446.

4 Francis Ponge, *Œuvres complètes*, op. cit., t. II, 《La fabrique du pré》, 22 et 27 octobre 1960, p. 449.

5 Michel Collot, 《Sur le pré de Francis Ponge》, dans Jean Mottet (dir.), *L'herbe dans tous ses états*, op. cit., p. 23.

6 Gustave Roud, *Anthologie*, op. cit., p. 142 et 143.

7   Francis Ponge, *Œuvres complètes*, op. cit., t. II, 《La fabrique du pré》, p. 449.
8   *Ibid.*, p. 458, 459.
9   Ponge cité par Michel Collot, 《Sur le pré de Francis Ponge》, dans Jean Mottet (dir.), *L'herbe dans tous ses états*, op. cit., p. 22.
10 Victor Hugo, *Les chants du crépuscule, Les voix intérieures, Les rayons et les ombres*, Gallimard, coll. 《Poésie》, p. 266.
11 Philippe Jaccottet, *La promenade sous les arbres*, Lausanne, Éditions La Bibliothèque des Arts, 2009, p. 73, 74 et 79.
12 Élisée Reclus, *Histoire d'un ruisseau*, op. cit., p. 8, 9, 13, 49 et 114.
13 Jean Giono, *Regain*, op. cit., p. 69 et 143.
14 Jean Giono, *Le chant du monde*, op. cit., p. 260.
15 Françoise Renaud, *Femmes dans l'herbe*, op. cit., p. 30.
16 Thomas Hardy, *Loin de la foule déchaînée*, op. cit., p. 140 et 144.
17 Francis Ponge, *Œuvres complètes*, op. cit., t. II, 《La fabrique du pré》, p. 452-453.
18 *Ibid.*, p. 469.
19 Arthur Rimbaud, *Poésies-Une saison en enfer-Illuminations*, op. cit., 《Soir historique》, p. 239.
20 Alphonse Daudet, *Lettres de mon moulin*, Gallimard, coll. 《Classiques de poche》, 1994, *Ballades en prose*, 《Le sous-préfet aux champs》, p. 107-108.
21 Joachim Du Bellay, *Œuvres poétiques*, Classiques Garnier, t. II, 2009, 《Chant de l'amour et du printemps》, p. 174.
22 Philippe Jaccottet, *Œuvres*, op. cit., 《Mai》, p. 706-707.
23 Giacomo Leopardi, *Canti*, op. cit., 《Écoute, Melisso》, p. 150.
24 John Keats, *Ode à un rossignol et autres poèmes*, La Délirante, 2009, p. 39.
25 Philippe Jaccottet, *Œuvres*, op. cit., 《Les cormorans》, p. 681.
26 Alphonse de Lamartine, *Œuvres poétiques complètes*, op. cit., *Harmonies poétiques et religieuses*, 《Jehova》, p. 366.
27 Henry David Thoreau, *Essais*, op. cit., *Histoire naturelle du Massachusetts*, p. 50.
28 Ralph Waldo Emerson, *Nature*, dans *Essais*, op. cit., p. 18.
29 Leconte de Lisle, *Poèmes antiques*, Gallimard, coll. 《Poésie》, 1994, 《Juin》, p. 276.
30 John Cowper Powys, *Les enchantements de Glastonbury*, Gallimard, 1991, p. 650.

31 Ibid., p. 1008.
32 Philippe Jaccottet, Œuvres, op. cit., 《Le pré de Mai》, p. 492 et 493.
33 Maurice Halbwachs, *Les cadres sociaux de la mémoire*, Alcan, 1925.
34 Philippe Jaccottet, Œuvres, op. cit., 《Trois fantaisies》, p. 709.

제4장 초원, 그 무성한 풀의 풍요로움

1 Francis Brumont (éd.), *Prés et pâtures en Europe occidentale*, op. cit., passim, et Marcel Lachiver, *Dictionnaire du monde rural*, Fayard, 2006, passim.
2 Paul Gadenne, *Siloë*, op. cit., p. 180.
3 Ibid., p. 177.
4 Ibid., p. 206.
5 Dominique-Louise Pélegrin, 《Mes prairies》, dans 《Herbes sages, herbes folles》, La grande oreille, n° 50, juillet 2012, p. 58.
6 René Char, *Œuvres complètes*, op. cit., 《Feuillets d'Hypnos》, p. 216.
7 Gérard de Nerval, *Les Filles du feu*, Les classiques de poche, 1999, 《Sylvie》, p. 269.
8 Pline le Jeune, *Lettres*, Flammarion, 1933, p. 131.
9 Ronsard, *Œuvres complètes*, op. cit., t. I, p. 533.
10 Valentin Jamerey-Duval, *Mémoires*, op. cit., p. 92 et 100.
11 Notamment William Gilpin, *Observations sur la rivière Wye*, Presses universitaires de Pau, 2009.
12 Maurice de Guérin, *Œuvres complètes*, op. cit., 《Poèmes, pages sans titre》, p. 322.
13 Alphonse de Lamartine, *Œuvres poétiques complètes*, op. cit., 《Jocelyn》, p. 607.
14 Marcel Proust, *À la recherche du temps perdu*, Gallimard, coll. 《Bibliothèque de la Pléiade》, 1954, t. I, p. 167-168.
15 Victor Hugo, *Correspondance familiale et écrits intimes*, Laffont, coll. 《Bouquins》, t. II, 1828-1839, 1991, p. 400.
16 Victor Hugo, *Œuvres complètes, Voyages*, op. cit., 《Le Rhin》, p. 47 et 51.
17 Philippe Jaccottet, *Œuvres complètes*, op. cit., 《Le cahier de verdure》, p. 771-773.
18 Gustave Flaubert, Maxime Du Camp, *Nous allions à l'aventure par les champs et par les grèves*, Librairie générale française, 2012, p. 169.
19 William Hazlitt, 《Partir en voyage》, *Liber amoris et autres textes*, Paris, [1822] 1994,

cité par Antoine de Baecque, *Écrivains randonneurs*, op. cit., p. 355.
20   Maurice de Guérin, *Œuvres complètes*, Poèmes, op. cit., 《Ce que j'aime》, p. 212.
21   Eugène de Fromentin, *Œuvres complètes*, op. cit., *Dominique*, p. 421-422, 423.
22   Victor Hugo, *Œuvres complètes*, *Voyages*, op. cit., 《Le Rhin》, lettre 20(20번째 편지), p. 135 et 144.
23   Henry David Thoreau, *Essais*, op. cit., 《Marcher》, p. 199 et 216.
24   Elizabeth Goudge, *La colline aux gentianes*, Éditions Phébus, [1950] 1999, p. 357.
25   Élisée Reclus, *Histoire d'un ruisseau*, op. cit., p. 118.
26   Rainer Maria Rilke, *Œuvres*, Le Seuil, 1966, t. I, 《Rose》, p. 215.
27   Eugène Sue, *Les Mystères de Paris*, éd. par Judith LyonCaen, Gallimard, coll. 《Quarto》, 2009, p. 90. (이 페이지에 표현된 감정은 존 러스킨의 저서 《아미앵의 성서》에서 다시 나타난다.)
28   Émile Zola, *Les Rougon-Macquart*, Robert Laffont, coll. 《Bouquins》, t. II, *La faute de l'abbé Mouret*, 2002, p. 235.
29   Philippe Jaccottet, *Œuvres complètes*, op. cit., 《L'obscurité》, p. 243 et 245.
30   Olivier Delavault, préface(서문) à James Fenimore Cooper, *La Prairie*, Éditions du Rocher, 2006.
31   Jonathan Carver, cité par Aldo Leopold, *Almanach d'un comté des sables*, présentation J.M.G Le Clézio, Garnier Flammarion, 2000, p. 49.
32   James Fenimore Cooper, *La Prairie*, op. cit., citations p. 55, 348, 618, 410, 428 et 669.
33   Aldo Leopold, *Almanach*…, op. cit., p. 200.
34   John Muir, *Enfance et jeunesse*, cité par Aldo Leopold, *Almanach*…, op. cit., p. 51.
35   Aldo Leopold, *Almanach*…, op. cit., p. 70, 71 et 262.

제5장 풀, 잠깐의 은신처

1   René Char, *Œuvres complètes*, op. cit., 《Biens égaux》, p. 251.
2   Denise Le Dantec, *L'homme et les herbes*, op. cit., p. 25.
3   Francis Ponge, *Œuvres complètes*, op. cit., 《La fabrique du pré》, p. 449.
4   Denise Le Dantec, *L'homme et les herbes*, op. cit., p. 25.
5   Lucrèce, *De la nature des choses*, op. cit., V, p. 579.

6   John Milton, *Le Paradis perdu*, Gallimard, coll. 《Poésie》 1995, p. 221. Cité chap.1.
7   Virgile, *Bucoliques. Géorgiques*, op. cit., p. 69 et 89.
8   Dominique-Louise Pélegrin, 《Ciel, ma prairie!》, dans Jean Mottet (dir.), *L'herbe en tous ses états*, op. cit., p. 83.
9   Michel Pastoureau, *Vert*, op. cit., p. 67 et 69.
10 Iacopo Sannazaro, *Arcadia (L'Arcadie)*, Les Belles Lettres, 2004, p. 73 et 112.
11 Ronsard, *Œuvres complètes*, op. cit., t. II, 1994, 《Chant pastoral》, p. 195, et t. I, p. 176 et 694.
12 Novalis in Romantiques allemands, Gallimard, coll. 《Bibliothèque de la Pléiade》, t. I, 1963. *Heinrich von Ofterdingen*, p. 385.
13 John Milton, *Le Paradis perdu*, op. cit., p. 156.
14 Vivant Denon, *Point de lendemain*, dans *Romans libertins du XVIIIe siècle*, Robert Laffont, coll. 《Bouquins》, 1993, p. 1302 et 1306.
15 John Cowper Powys, *Wolf Solent*, op. cit., p. 415-416.
16 Jean-Pierre Richard, *L'état des choses*, op. cit., p. 24.
17 Chrétien de Troyes, *Érec et Énide*, Honoré Champion, 2009, p. 135.
18 L'Arioste, *Roland Furieux*, préface d'Yves Bonnefoy, Gallimard, coll. 《Folio classique》, 2003, chant I(제1편), p. 70.
19 Bernardin de Saint-Pierre, *Études de la Nature*, Publications de l'université de Saint-Étienne, 2007, p. 546.
20 Alphonse Daudet, *Lettres de mon moulin*, préface de Louis Forestier, Le livre de poche, 1994, p. 108.
21 Jean Giono, *Regain*, op. cit., p. 45-46.
22 William Wordsworth, *Poèmes*, op. cit., 《Le prélude》, p. 49.
23 Gérard de Nerval, *Les filles du feu*, op. cit., 《Odelettes》, 《Les Papillons》, p. 77.
24 George Eliot, *Le moulin sur la Floss*, op. cit., p. 401.
25 Alphonse de Lamartine, *Œuvres poétiques complètes*, op. cit., 《Jocelyn》, p. 611-612.
26 Giacomo Leopardi, *Canti*, op. cit., 《Chant nocturne d'un berger errant d'Asie》, p. 104, et 《Aspasia》, p. 12.
27 Guy de Maupassant, *Contes du jour et de la nuit*, Gallimard, coll. 《Folio classiques》, 1984, 《Le crime du père Boniface》, p. 49.

28 Joris-Karl Huysmans, *En rade*, Gallimard, coll. 《Folio classique》, 1984, p. 142-143.
29 Jacques Réda, 《L'herbe écrite》, cité par Jean-Pierre Richard, *L'état des choses*, op. cit., p. 30, 38 et 37.
30 Valentin Jamerey-Duval, *Mémoires*, op. cit., p. 157.
31 *Conversations de Goethe avec Eckermann*, Gallimard, 1988, 《26 septembre 1827》, p. 529.
32 Marcel Proust, *À la recherche du temps perdu*, op. cit., t. I, *Du côté de chez Swann*, p. 170.
33 Denise Le Dantec, *L'homme et les herbes*, op. cit., p. 360.
34 Jean Giono, *Regain*, op. cit., p. 85 et 148-149.
35 Victor Hugo, *Œuvres complètes*, *Voyages*, op. cit., 《Le Rhin》, p. 118 et 279.
36 Ibid., p. 339.
37 Gustave Roud, *Anthologie*, op. cit., p. 122.
38 Henri Bosco, *L'Âne Culotte*, op. cit., p. 119 et 136.
39 Françoise Renaud, *Femmes dans l'herbe*, op. cit., p. 143-144.
40 Jean de La Fontaine, 《Les animaux malades de la peste》 et 《Les deux chèvres》.
41 Alphonse Daudet, *Lettres de mon moulin*, op. cit., p. 40, 41 et 43.
42 Henri Bosco, *L'Âne Culotte*, op. cit., p. 43.
43 울리히는 특성 없는 남자이고, 아른하임은 학식과 교양을 겸비한 사업가이며, 디오티마는 카카니엔 황제 통치 시절에 펼쳐진 '평행운동' 일원들을 자신의 살롱에 맞이한 귀부인이다.
44 Robert Musil, *L'homme sans qualités*, op. cit., t. I, p. 751.
45 Cité par Jean-Pierre Richard, *L'état des choses*, op. cit., p. 24 et 25.

제6장 수풀, 그 미시의 세계

1 René Char, *Œuvres complètes*, op. cit., 《Feuillets d'Hypnos》, p. 217.
2 Jules Michelet, *L'Insecte*, présenté par Paule Petitier, Éditions des Équateurs, 2011, p. 22 et 167.
3 Ibid., p. 75-76.
4 Théocrite, *Idylles bucoliques*, L'Harmattan, 2010, p. 41, 43 et 75.
5 Virgile, *Bucoliques, Géorgiques*, op. cit., *Géorgiques*, livre IV(제4권), p. 255 et 260.
6 Goethe, *Romans*, op. cit., *Les souffrances du jeune Werther*, p. 48.
7 John Keats, *Ode à un rossignol et autres poèmes*, op. cit., 《Sur la sauterelle et le grillon》,

p. 15, 《Ode à un rossignol》, p. 39, 《À l'automne》, p. 55.

8 Alphonse de Lamartine, *Œuvres poétiques complètes*, op. cit., 《Jocelyn》, p. 638-639 ; *Harmonies poétiques et religieuses*, 《L'infini dans les cieux》, p. 351-352.

9 Henry David Thoreau, *Journal*, 1837-1861, op. cit., p. 103, 123 et 139.

10 Ibid., p. 123.

11 Victor Hugo, *Correspondance*, op. cit., t. II, p. 468.

12 Hippolyte Taine, *Voyage aux Pyrénées*, cité par Antoine de Baecque, *Écrivains randonneurs*, op. cit., p. 248.

13 Guy de Maupassant, *Contes du jour et de la nuit*, op. cit., 《Souvenir》, p. 220 sq.

14 Élisée Reclus, *Le Ruisseau*, op. cit., p. 70 ; Émile Zola, *Les Rougon-Macquart*, op. cit., t. II, *La Faute de l'abbé Mouret*, p. 170.

15 Jean Giono, *Regain*, op. cit., p. 62.

16 John Cowper Powys, *Wolf Solent*, op. cit., p. 267.

17 Goethe, *Les souffrances du jeune Werther*, op. cit., p. 49.

18 Élisée Reclus, *Histoire d'un ruisseau*, op. cit., p. 131.

19 Victor Hugo, *Œuvres complètes*, *Voyages*, op. cit., 《Le Rhin》, p. 146 et 340.

20 Françoise Chenet, 《Hugo en herbe. Petits et grands drames de l'herbe》, dans Jean Mottet (dir.), *L'herbe dans tous ses états*, op. cit., p. 37-48.

21 Cité ibid., p. 39.

제7장 꿈결보다 감미로운 풀

1 Jacques Brosse, *Mythologie des arbres*, Payot, 2001, notamment p. 54, 109, 244, 264 et 266.

2 Simon Schama, *Le paysage et la mémoire*, Le Seuil, 1999, p. 585.

3 Ibid., p. 595.

4 Jacques Brosse, *Mythologie des arbres*, op. cit. p. 264. (바로 위에서 인용한 페이지 중 특히 편집 후기 부분을 참조하라.)

5 Théocrite, *Idylles bucoliques*, postface(편집 후기) Alain Blanchard, op. cit., p. 147.

6 Ibid.

7 *Proust/Ruskin*, op. cit., p. 107.

8 Yves Bonnefoy, *L'Inachevable*, Albin Michel, coll. 《Livre de poche》, 2010, p. 164 et

167.

9   Virgile, *Bucoliques, Géorgiques*, op. cit., IIIe Bucolique, p. 69-70.

10 Horace, *Odes*, Gallimard, coll. 《NRF/poésie》, 2004, livre IV, XII(제4권, 12번째 시), p. 425.

11 Alain Mérot, *Du paysage en peinture dans l'Occident moderne*, Gallimard, 2009, chap. V, 《Lieu poétique et inspiration pastorale》, p. 177-204.

12 Ibid., p. 201.

13 Cité par Alain Mérot, *Du paysage en peinture*···, op. cit., p. 211.

14 Iacopo Sannazaro, *Arcadia*, op. cit., p. 8.

15 Ibid., p. 12 et 14.

16 Ibid., p. 226.

17 Ronsard, *Œuvres complètes*, t. II, Éclogue III, p. 184. Si Ronsard emploie le terme 《éclogue》 et non 《églogue》, nous avons choisi de privilégier ce dernier terme pour plus de clarté.

18 Honoré d'Urfé, *L'Astrée*, éd. par Jean Lafond, Gallimard, coll. 《Folio classique》, 1984, p. 129.

19 Cité par Sophie Le Ménahère, *L'invention du jardin romantique en France*, 1761-1808, Éd. Spiralinthe, 2001, p. 193.

20 Ibid., p. 526.

21 François Walter, *Les Figures paysagères de la Nation. Territoire et paysage en Europe*, XVIe-XXe siècles, Éditions de l'EHESS, 2004, notamment p. 156 sq. (앞선 내용은 이 책을 참조하라.)

22 Leconte de Lisle, *Poèmes antiques*, Gallimard, coll. 《Poésie》, 1994, p. 256, 276 et 290.

23 Théocrite, *Idylles bucoliques*, op. cit., 《La muse aux champs》, p. 71 et 75.

24 Virgile, *Bucoliques, Géorgiques*, op. cit., p. 293.

25 Olivier de Serres, *Le théâtre d'agriculture*···, op. cit., p. 526.

26 Philippe Jaccottet, *Œuvres complètes*, op. cit., *Paysages avec figures absentes*, 《Soir》, p. 500, 501.

27 Cité par Sophie Le Ménahère, *L'invention du jardin romantique*···, op. cit., p. 306.

28 Victor Hugo, *Les Contemplations*, op. cit., 《Cadaver》, p. 450, 《Baraques de foire》, p. 216.

29 Victor Hugo, *Œuvres complètes, Voyages*, op. cit., 《Le Rhin》, p. 57.

30 Victor Hugo, *Correspondances*, op. cit., t. II, p. 400.
31 Leconte de Lisle, *Poèmes antiques*, op. cit., 《Fultus Hyacintho》, p. 255 et 278.
32 Henry David Thoreau, *Journal*, 1837-1861, op. cit., p. 164.
33 John Cowper Powys, *Les enchantements de Glastonbury*, op. cit., p. 79.
34 Robert Musil, *L'homme sans qualités*, op. cit., t. I, p. 857.
35 Dominique-Louise Pélegrin, 《Ciel, ma prairie!》, art. cit.(앞서 게재한 기사), p. 85.
36 Philippe Jaccottet, *Œuvres*, op. cit., 《L'Arcadie perdue et retrouvée》, p. 1505.

제8장 풀 내음 가득한 삶의 터전

1 Francis Brumont (éd.), *Prés et pâtures en Europe occidentale*, op. cit.
2 Daniel Pichot, 《L'herbe et les hommes : prés et pâturages dans l'ouest de la France (xie-xive siècle)》, dans Francis Brumont (éd.), *Prés et pâtures en Europe occidentale*, op. cit., p. 64.
3 Corinne Beck, 《Techniques et modes d'exploitation des prés dans le Val de Saône aux xive et xve siècles》, dans Francis Brumont (éd.), *Prés et pâtures en Europe occidentale*, op. cit., p. 65-79, notamment p. 74.
4 Sébastien Lay, 《Maîtrise, non-maîtrise de l'herbage : approche ethnologique des savoirs et des usages de l'herbe dans les Pyrénées centrales》, dans Francis Brumont (éd.), *Prés et pâtures en Europe occidentale*, op. cit., p. 221-232.
5 Olivier de Serres, *Le théâtre d'agriculture*···, op. cit., p. 438, 74, 446 et 447.
6 Alain Corbin, *Sois sage, c'est la guerre, 1939-1945. Souvenirs d'enfance*, Flammarion, 2014, 《L'herbe aux lapins》, p. 37-39.
7 Joris-Karl Huysmans, *En rade*, op. cit., p. 139.
8 Aimé Blanc, *Le taureau par les cornes*, cité par Rose-Marie Lagrave, *Le village romanesque*, Arles, Actes Sud, 1980, p. 61.
9 Jean Giono, *Que ma joie demeure*, cité par Denise Le Dantec, *L'homme et les herbes*, op. cit., p. 43.
10 Gustave Roud cité par Philippe Jaccottet, *Œuvres complètes*, op. cit., p. 91, 101, 104-105 et 116.
11 Marquise de Sévigné, 《La lettre des foins》, 1671, citée, à titre d'exemple, par Denise Le Dantec, *L'homme et les herbes*, op. cit., p. 46.

12　Olivier de Serres, *Le théâtre d'agriculture*⋯, op. cit., p. 448.
13　Ibid., p. 448 et 449.
14　Gérard de Nerval, *Les filles du feu*, op. cit., p. 252.
15　Colette, *Sido suivi de Les vrilles de la vigne*, Le livre de poche, 1973, p. 111-112.
16　Denise Le Dantec, *L'homme et les herbes*, op. cit., p. 46.
17　Henry David Thoreau, *Journal*, 1837-1861, op. cit., p. 97.

제9장 우아하고 고상한 풀

1　Denise Le Dantec, *L'homme et les herbes*, op. cit., p. 384 et 385.
2　Olivier de Serres, *Le théâtre d'agriculture*⋯, op. cit., p. 895, 896, 903 et 904.
3　George Sand, *Consuelo*, Phébus libretto, 1999, p. 617-618 et 632.
4　Keith Thomas, *Dans le jardin de la nature*, op. cit., p. 312.
5　Jean-Jacques Rousseau, *Julie ou la Nouvelle Héloïse*, éd. Jean-Marie Goulemot, Le livre de poche classique, 2002, Lettre XI de la troisième partie(제3부 11번째 편지), citations p. 534, 535, 536, 537, 541, 550 et 542.
6　Pierre-Henri Valenciennes, *Éléments de perspective à l'usage des artistes*, cité par Sophie Le Ménahère, *L'invention du jardin romantique*⋯, op. cit., p. 149.
7　Cité par Keith Thomas, *Dans le jardin de la nature*, op. cit., p. 312.
8　Joris-Karl Huysmans, *En rade*, op. cit., p. 69, 71, 72 et 73.
9　Louis-Michel Nourry, *Les Jardins publics en province. Espace et politique au xixe siècle*, préface d'Alain Corbin, PUR, 1997, p. 82 et 83.
10　Van Gogh cité par Emmanuel Pernoud, *Paradis ordinaires. L'artiste au jardin public*, Les Presses du réel, Dedalus, 2013, p. 37.
11　Emmanuel Pernoud, *Paradis ordinaires*⋯, op. cit., p. 37, 49, 50 et 47.
12　Ibid., p. 47.
13　Émile Zola, *Les squares*, cité par Emmanuel Pernoud, *Paradis ordinaires*⋯, op. cit., p. 63 et 64.
14　Ibid., p. 169 (〈그랑자트 섬의 일요일 오후〉에 관한 분석 내용 또한 동일한 페이지에 나온다.)
15　Marcel Proust, *Jean Santeuil*, op. cit., p. 327-328.
16　Jean Mottet, 《Des pâturages anglais à la pelouse américaine⋯》, art. cit., p. 144.

17 Ibid., p. 145.
18 Ibid., p. 147.
19 Guy Tortosa, 《Herbier, journal》, dans Jean Mottet (dir.), *L'herbe dans tous ses états*, op. cit., p. 102.
20 Ibid., p. 94.
21 Jean Mottet, 《Des pâturages anglais à la pelouse américaine⋯》, art. cit., p. 155.
22 Georges Vigarello, *Une histoire culturelle du sport. Techniques d'hier⋯ et d'aujourd'hui*, Robert Laffont, 1988, notamment p. 60, 89, 92 sq.
23 1955년 동프롱테(Domfrontais)의 보카주에서 이루어졌다.
24 Sylvie Nail, 《L'herbe aux handicaps. Enjeux du gazon des golfs》, dans Jean Mottet (dir.), *L'herbe dans tous ses états*, op. cit., p. 161. (앞서 상세히 설명한 내용들은 모두 해당 기사에서 차용했다.)
25 Ibid., p. 171.

제10장 흰 대리석 같은 두 발이 푸른 풀밭에서 빛나네

1 Hésiode, *Les travaux et les jours. La Théogonie*, Le livre de poche, 1999, p. 34.
2 Louise-Dominique Pélegrin, 《Ciel, ma prairie!》, art. cit., p. 84 et 87.
3 Virgile, *Bucoliques, Géorgiques*, op. cit., 1re Bucolique, p. 61.
4 *Aucassin et Nicolette*, édition bilingue(대역판) de Philippe Walter, Paris, Gallimard, coll. 《Folio classique》, 1999, p. 69-70 et 75.
5 Dante, *La Divine comédie*, Le Purgatoire, trad.(번역본) Jacqueline Risset, Flammarion, 1988, p. 259.
6 Pétrarque, *Canzone* CXXV, p. 116-117.
7 *Canzone* CXXVI, p. 118.
8 *Canzone* CLXII, p. 144.
9 *Canzone* CLXV, p. 146.
10 *Canzone* CXCII, p. 159.
11 *Canzone* CCXLII, p. 192.
12 *Canzone* CXCII CCCXX, 《Le retour à Vaucluse》, p. 238.
13 *Canzone* CXCII CCCXXIII, p. 241.
14 Iacopo Sannazaro, *Arcadia*, op. cit., p. 56.

15 Ronsard, *Œuvres*, op. cit., t. I, *Le premier livre des amours*, CCXXVII, p. 143 et *Eclogue* III, 《Chant pastoral sur les noces de Charles, duc de Lorraine》, t. II, p. 185.

16 Madeleine et Georges de Scudéry, *Artamène ou le grand Cyrus*, Garnier-Flammarion, 2005, p. 112, 113 et 114.

17 Joseph-Marie Loaisel de Tréogate, *Dolbreuse*, 1786, t. I, p. 25, cité par Michel Delon, *Histoire des émotions*, Paris, Le Seuil, 2016, t. II, p. X.

18 Alphonse de Lamartine, *Œuvres poétiques complètes*, op. cit., *Méditations poétiques*, 《Philosophie》, p. 57.

19 Ibid., 《Chant d'amour》, p. 186.

20 Ibid., *Harmonies poétiques et religieuses*, 《L'Humanité》, p. 372.

21 Ibid., 《Jocelyn》, 3ᵉ époque, p. 614.

22 Évoqué par John Ruskin, dans *Proust/Ruskin*, op. cit., John Ruskin, *Sésame et les lys*, p. 610.

23 Victor Hugo, *Les Contemplations*, op. cit., 《Aurore》, p. 92 et 《Amour》, p. 196.

24 Stéphane Mallarmé, *Poésies*, Garnier Flammarion, 1989, 《Dans le jardin》, p. 124.

25 *Proust/Ruskin*, op. cit., John Ruskin, *Sésame et les lys*, p. 608-609.

26 Jean-Pierre Richard, *L'état des choses*, op. cit., p. 26, 27 et 28.

27 Vincent Robert, *La petite-fille de la sorcière : enquête sur la culture magique dans les campagnes au temps de George Sand*, Les Belles Lettres, 2015, p. 202 sq. (이와 관련한 내용은 이 작품을 참조하라.)

28 John Keats, *Ode à un rossignol et autres poèmes*, op. cit., 《La belle dame sans merci》, p. 29.

29 Leconte de Lisle, *Poèmes antiques*, op. cit., 《Phidylé》, p. 247, et 《Thestylis》, p. 220.

30 Arthur Rimbaud, *Poésies*, Gallimard/Poésie, 1965, p. 271.

31 Paul Gadenne, *Siloë*, op. cit., p. 180, 201.

32 Victor Hugo, *Les Contemplations*, op. cit., 《Amour》, p. 197.

33 Victor Hugo, *Les Misérables*, éd. d'Yves Gohin, Gallimard, coll. 《Folio Classiques》, 1995, p. 342.

34 Guy de Maupassant, *Contes du jour et de la nuit*, op. cit., 《Le père》, p. 64-65.

35 John Cowper Powys, *Wolf Solent*, op. cit., p. 158 et 241.

제11장 풀은 강렬한 교미의 장소

1 Victor Hugo, *Les Contemplations*, op. cit., p. 365.
2 Émile Zola, *Les Rougon-Macquart*, op. cit., t. II, *La faute de l'abbé Mouret*, p. 184.
3 Robert Musil, *L'homme sans qualités*, op. cit., t. I, p. 873.
4 Dans *Lettres érotiques*, Le Robert, collection 《Mots intimes》, présentées par Agnès Pierron, Paris, 2015, p. 64. (지젤 데스톡은 마리 폴 알리스 쿠르브의 필명이다.)
5 Jean Giono, *Regain*, op. cit., p. 74 et 78, 79 et 81.
6 Ronsard, *Œuvres complètes*, op. cit., t. I, *Le Second livre des amours*, p. 211.
7 Victor Hugo, *Œuvres complètes, Voyages*, op. cit., 《Le Rhin》, p. 204.
8 Charles Baudelaire, *Œuvres complètes*, Paris, Gallimard, coll. 《Bibliothèque de la Pléiade》, *Poèmes attribués*, II, p. 276.
9 Stéphane Mallarmé, *Poésies*, op. cit., 《Pan》 (1859).
10 John Milton, *Le Paradis perdu*, op. cit., p. 135.
11 Rose-Marie Lagrave, *Le village romanesque*, op. cit., p. 80.
12 Émile Zola, *Les Rougon-Macquart*, op. cit., t. II, *La faute de l'abbé Mouret*, p. 259.
13 Jean Giono, *Le chant du monde*, op. cit., p. 269 et 282.
14 Paul Gadenne, *Siloë*, op. cit., p. 496, 497, 498.
15 Ibid., p. 498 et 500.
16 D. H. Lawrence, *L'amant de Lady Chatterley*, Gallimard, coll. 《Folio classique》, 1993, p. 373, 379, 384, 385 et 386.
17 Propos de D. H. Lawrence sur son roman(1928). Ibid., p. 518.
18 John Cowper Powys, *Les enchantements de Glastonbury*, op. cit., p. 29, 33 et 34.
19 Ibid., p. 73 et 74.
20 Claude Simon, *L'herbe*, Les éditions de Minuit, 2015, p. 18, 200, 201 et 203.

제12장 죽은 자들의 풀

1 Bossuet, *Œuvres*, Paris, Gallimard, coll. 《Bibliothèque de la Pléiade》, 1961, p. 91.
2 Fléchier, Chateaubriand cités dans la rubrique(표제어) 《herbe》 du dictionnaire Bescherelle(베슈렐 사전), Paris, Garnier, 1861.
3 Françoise Chenet, 《Hugo en herbe. Petits et grands drames de l'herbe》, dans Jean Mottet (dir.), *L'herbe dans tous ses états*, op. cit., p. 40.

4 Ronsard, *Œuvres complètes*, op. cit., t. II, p. 946.
5 Gustave Flaubert, *Correspondance*, op. cit., t. I, p. 314-315.
6 Proust/Ruskin, op. cit., John Ruskin, *Les sept lampes de l'architecture*, p. 793.
7 Jean-Pierre Richard, *L'état des choses*, op. cit., p. 23.
8 Victor Hugo, *Œuvres complètes*, *Voyages*, op. cit., 《Le Rhin》, lettre 26(26번째 편지), p. 264 et 304, puis *Les rayons et les ombres*, op. cit., 《Tristesse d'Olympio》, p. 319.
9 Françoise Renaud, *Femmes dans l'herbe*, op. cit., p. 155.
10 Jules Barbey d'Aurevilly, Romans, éd. Judith Lyon-Caen, Gallimard, 2013, *Un prêtre marié*, p. 724, et L'Ensorcelée, p. 490.
11 Jean Giono, *Regain*, op. cit., p. 8 et 9.
12 Ibid., p. 12.
13 Victor Hugo, *Histoire d'un crime*, cité et commenté par Yvon Le Scanff, *Le Paysage romantique et l'expérience du sublime*, Seyssel, Champ Vallon, 2007, p. 212-213.
14 Victor Hugo, *Œuvres complètes*, *Voyages*, op. cit., 《Le Rhin》, p. 148.
15 Gustave Flaubert, *Correspondance*, op. cit., t. II, p. 6.
16 Joris-Karl Huysmans, *En rade*, op. cit., p. 200 et 201.
17 Émile Zola, *Les Rougon-Macquart*, op. cit., t. II, *La faute de l'abbé Mouret*, p. 277.
18 Goethe, *Romans*, op. cit., *Les affinités électives*, p. 239.
19 Walt Whitman, *Feuilles d'herbe*, op. cit., p. 61.
20 Alphonse de Lamartine, *Œuvres poétiques complètes*, op. cit., *Harmonies poétiques et religieuses*, 《Le tombeau d'une mère》, p. 421.
21 Victor Hugo, *Les voix intérieures*, op. cit., p. 183.
22 Ronsard, *Œuvres complètes*, op. cit., t. I, *Quatrième livre des Odes*, 《De l'élection de son sépulchre》, p. 797, 876 et 877.
23 Goethe, *Les souffrances du jeune Werther*, op. cit., p. 101.
24 Maurice de Guérin, *Œuvres complètes*, op. cit., Le cahier vert, 24 mars 1833, p. 51.
25 Alphonse de Lamartine, *Œuvres poétiques complètes*, op. cit., *Harmonies poétiques et religieuses*, 《Milly ou la terre natale》, p. 399.
26 Victor Hugo, *Les Contemplations*, op. cit., 《Les luttes et les rêves》, XXII, p. 224.
27 Alphonse de Lamartine, *Œuvres poétiques complètes*, op. cit., *Nouvelles méditations poétiques*, 《Le poète mourant》, p. 148.

28 Guy de Maupassant, *Contes du jour et de la nuit*, op. cit., 《Coco》, p. 184.
29 Victor Hugo, *Les rayons et les ombres*, op. cit., 《Dans le cimetière de…》, p. 278.
30 Victor Hugo, *Les Contemplations*, op. cit., 《À Villequier》, p. 298.
31 Victor Hugo, *Les Misérables*, op. cit., p. 886.
32 Walt Whitman, *Feuilles d'herbe*, op. cit., p. 167 et 171.
33 Maurice de Guérin, *Œuvres complètes*, op. cit., 《Poèmes》, p. 323. (여기서 말하는 당신은 바로 마리 드 라 모르보네이다. 그녀는 1833년 12월 모리스 드 게랭을 남편으로 맞이하고, 얼마 지나지 않아 1835년 1월 22일에 세상을 떠났다.)

풀의 향기
싱그러움에 대한 우아한 욕망의 역사

초판 1쇄 발행 2020년 5월 5일
초판 2쇄 발행 2020년 10월 10일

지은이 알랭 코르뱅
옮긴이 이선민
펴낸이 조승식
펴낸곳 돌배나무
등록 제2019-000003호
주소 서울시 강북구 한천로 153길 17
전화 02-994-0071
팩스 02-994-0073

홈페이지 www.bookshill.com
이메일 bookshill@bookshill.com

정가 16,000원
ISBN 979-11-966240-2-6

* 잘못된 책은 구입하신 서점에서 교환해 드립니다.